초등학생이 딱 알아야 할
사회 상식
이야기

초등학생이 딱 알아야 할 사회 상식 이야기

글 전기현 | 그림 홍나영

작가의 말

TV 속 뉴스는 세계 곳곳에서 일어나는 갖가지 일들을 빠르고 자세하게 전해 주지요. 신문, 여러 잡지들도 마찬가지로 많은 이야기를 전해 주고 있어요. 이런 소식들에는 한 가지 공통점이 있답니다. 바로 우리 사회와 연결되는 경우가 대부분이라는 점이에요. 누구든지 우리 사회에 대한 궁금증을 갖고 있어요. 함께 더불어 모여 사는 공동체의 구성원이기 때문이지요.

"인간은 사회적 동물이다."

고대 그리스의 철학자 아리스토텔레스가 남긴 말이에요. 우리 모두가 끊임없이 다른 사람과 관계를 맺고 있음을 가리킨 말이지요. 한 사람, 한 사람이 사회와 떨어질 수 없음을 뜻한답니다.

《초등학생이 딱 알아야 할 사회 상식 이야기》는 우리 친구들이 사회 과목과 더욱 친해질 수 있도록 돕기 위해 만들어졌어요. 사회와 관련된 여러 흥미로운 지식과 원리 등을 한 권에 담았답니다.

따로 외우려고 노력하지 않아도 재미있게 읽다 보면 어느새 여러 개념과 원리들이 여러분의 머릿속에 들어와 있을 거예요. 이 책을 모두 읽고 난 후에는 친구들 앞에서 사회를 가장 좋아하는 과목이라 말할지도 몰라요.

아무쪼록 이 책을 통해 함께 모여 사는 우리 사회를 바라보는 친구들의 눈이 더욱 성장하기를 바랍니다. 이 책과 함께라면 분명 이루어질 수 있을 거예요.

이 책을 손에 쥔 여러분들을 진심으로 응원하며 끝으로, 이 소중한 책이 세상의 빛을 보는 데 큰 도움을 주신 출판사 관계자 분들과 가까이서 늘 배려와 조언을 아끼지 않아 준 아내 윤나라 님께 깊은 고마움과 감사의 마음을 전합니다.

전기현

1장 우리가 사는 사회 속에는 어떤 비밀이 있을까요?

- 001 같은 장소라도 서로 다르게 느낀다고요? | 14
- 002 우리 마을을 한눈에 내려다본다고요? | 16
- 003 각 지역마다 독특한 별명들을 갖고 있다고요? | 18
- 004 10,000원짜리 지폐에는 왜 혼천의가 있을까요? | 20
- 005 세 번이나 팔만대장경이 사라질 뻔했다고요? | 22
- 006 옛날에는 서울에서 부산까지 어떻게 이동했을까요? | 24
- 007 울릉도에는 특별한 택시가 있다고요? | 26
- 008 미래에는 자동차가 하늘을 날아다닌다고요? | 28
- 009 전쟁 공로를 인정받은 새가 있다고요? | 30
- 010 특별한 의사소통 방법이 있다고요? | 32
- 011 화분이 스스로 물을 준다고요? | 34
- 012 논밭이 호수로 변할 수도 있을까요? | 36
- 013 해안 지역에는 모두 어촌만 있을까요? | 38
- 014 로빈슨 크루소는 살아남기 위해 무엇을 했을까요? | 40
- 015 에스키모인의 옷은 순록의 가죽이라고요? | 42
- 016 김치도 각 고장마다 특색이 있다고요? | 44
- 017 물 위에서 사는 사람들도 있다고요? | 46
- 018 왜 외국인들은 우리나라의 온돌을 보고 놀랄까요? | 48
- 019 우리나라에서는 언제 처음 거울을 사용했을까요? | 50
- 020 옛날 사람들은 어떻게 농사를 지었을까요? | 52
- 021 국물 요리는 언제부터 시작되었을까요? | 54
- 022 초가집과 기와집의 차이는 무엇일까요? | 56
- 023 우리 조상들이 뒷간을 소중히 했던 이유가 있다고요? | 58
- 024 명절은 왜 생겨난 것일까요? | 60
- 025 동짓날에는 왜 팥죽을 먹을까요? | 62
- 026 하늘에서 결혼식을 올린다고요? | 64
- 027 아빠가 아닌 엄마의 성을 따를 수도 있다고요? | 66
- 028 미래에는 로봇도 가족이 될까요? | 68
- 029 만나고 싶어도 못 만나는 가족이 있다고요? | 70

차례

2장 우리 지역의 어제와 오늘은 어떻게 달라졌을까요?

- **030** 내가 그린 그림도 공식 지도가 될 수 있을까요? | 74
- **031** 옛날 사람들은 지도를 어떻게 만들었을까요? | 76
- **032** 오른쪽은 항상 동쪽을 가리키는 것일까요? | 78
- **033** 지도 속에서 비행기가 날아다닌다고요? | 80
- **034** 왜 지도마다 표시된 크기가 다를까요? | 82
- **035** 지도에 나타난 알록달록한 표시는 무엇일까요? | 84
- **036** 스마트폰으로 세계 여행을 할 수 있다고요? | 86
- **037** 우리나라에서 가장 오래된 지도는 무엇일까요? | 88
- **038** 터미널 주변에는 왜 가게들이 많을까요? | 90
- **039** 세계문화유산이 가장 많은 나라는 어디일까요? | 92
- **040** 왜 국보 제1호는 숭례문일까요? | 94
- **041** 아직도 되찾지 못한 우리 문화재가 많이 있다고요? | 96
- **042** 우리나라 화폐 속 인물들은 어떤 지역 출신일까요? | 98
- **043** 문화유산에 전해지는 옛이야기는 무엇이 있을까요? | 100
- **044** 옛날에도 지금처럼 소방서가 있었을까요? | 102
- **045** 움직이는 공공기관도 있다고요? | 104
- **046** 어린이도 공공기관에 원하는 것을 요청할 수 있을까요? | 106
- **047** 조선시대에는 어떤 공공기관들이 있었을까요? | 108
- **048** 이웃 간 다툼은 어디서 해결하나요? | 110
- **049** 사람들이 떠났다가 다시 돌아온다고요? | 112

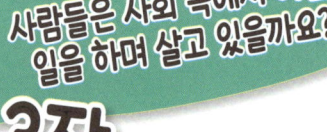

3장

- **050** 시민 단체는 무슨 일을 하는 곳일까요? | 116
- **051** 주민들이 직접 예산 짜는 일에 참여한다고요? | 118
- **052** 주민들은 위기의 두꺼비들을 어떻게 지켜냈을까요? | 120
- **053** 드론으로 농사도 지을 수 있다고요? | 122
- **054** 인구가 어느 정도 돼야 도시가 될 수 있을까요? | 124
- **055** 건물이 빽빽한 도시에서도 농업이 이루어진다고요? | 126
- **056** 우리는 왜 현명하게 용돈을 써야 할까요? | 128
- **057** 연필 한 자루가 만들어질 때까지 어떤 일이 일어날까요? | 130
- **058** 왜 물건에는 'made in China'가 많을까요? | 132
- **059** K-POP에 전 세계가 열광하는 이유가 무엇일까요? | 134
- **060** 학교가 줄어들고 있다고요? | 136
- **061** 마트에 직접 가지 않고도 물건을 산다고요? | 138
- **062** 저작권은 왜 중요할까요? | 140
- **063** 자유 무역 협정은 무엇일까요? | 142
- **064** 음식을 먹는데도 다양한 방법이 있다고요? | 144
- **065** 시청각 장애인들도 즐길 수 있는 영화가 있다고요? | 146
- **066** 살색이 아니라 살구색이라고요? | 148
- **067** 아시안 하이웨이를 타고 어디까지 갈 수 있을까요? | 150
- **068** 크리스마스를 여름에 보내는 나라가 있다고요? | 152
- **069** 우리나라에서 제일 먼저 해가 뜨는 곳은 어디일까요? | 154
- **070** 이어도는 섬일까요, 바위일까요? | 156

정치와 경제, 세계와 우리나라는 서로 떨어질 수 있을까요?

4장

- **071** 일본은 왜 독도를 자기들 땅이라고 억지를 부릴까요? | 160
- **072** 우리나라 지역 이름은 어떻게 만들어졌을까요? | 162
- **073** 우리나라에는 특별시와 광역시가 모두 몇 개 있을까요? | 164
- **074** 수많은 강은 어디로 흘러갈까요? | 166
- **075** 우리나라의 섬은 유인도가 많을까요, 무인도가 많을까요? | 168
- **076** 적도 부근의 나라들은 모두 덥고 습할까요? | 170
- **077** 우리나라에서 장맛비가 가장 많이 내리는 곳은 어디일까요? | 172
- **078** 미세먼지도 황사와 같은 자연재해일까요? | 174
- **079** 우리나라는 지진으로부터 안전할까요? | 176
- **080** 태풍은 우리에게 어떤 피해를 줄까요? | 178
- **081** 엘리베이터를 탔는데 지진이 난다면 어떻게 하나요? | 180
- **082** 우리나라가 만약 100명이 사는 마을로 축소된다면요? | 182
- **083** 우리나라에서 출생아 수가 가장 적은 곳은 어디일까요? | 184
- **084** 세계 여러 나라 사람들은 주로 어디에 많이 모여 살까요? | 186
- **085** 우리나라의 도시들은 어떻게 발전해 왔을까요? | 188
- **086** 전 세계인이 약속한 어린이 권리 보호가 있다고요? | 190
- **087** 사람들은 어떻게 인권을 지켜왔을까요? | 192
- **088** 내가 원한다면 이름을 바꿀 수 있을까요? | 194
- **089** 남자에게만 국방의 의무가 있을까요? | 196
- **090** 정치는 정치인만 하는 일인 걸까요? | 198
- **091** 민주주의의 꽃, 선거가 궁금하다고요? | 200
- **092** 다수결은 언제나 옳은 방법일까요? | 202
- **093** 국회는 무슨 일을 하는 곳일까요? | 204
- **094** 정부기관들은 어떤 일을 할까요? | 206
- **095** 재판은 왜 하는 것일까요? | 208
- **096** 대통령에게는 어떤 권한이 있을까요? | 210
- **097** 경제활동이란 무엇일까요? | 212
- **098** 시장에서는 물건만 사고파는 것이 아니라고요? | 214
- **099** 우리나라가 석유제품을 수출한다고요? | 216
- **100** 세계무역기구는 무슨 일을 하는 곳일까요? | 218

제1장
우리가 사는 사회 속에는 어떤 비밀이 있을까요?

001

같은 장소라도 서로 다르게 느낀다고요?

여러분은 혹시 '혹부리 영감' 이야기를 기억하나요? 이야기 속 착한 혹부리 영감은 숲속 빈집에서 도깨비를 만나 혹을 떼고 돌아왔어요. 하지만 심술궂은 혹부리 영감은 똑같이 따라하다 '빈집'에서 혹을 하나 더 붙이고 돌아왔지요. 이 이야기 속 두 할아버지는 '빈집'에 대한 느낌이 서로 매우 다를 거예요.

친구들도 '운동장'을 두고 떠오르는 생각이 저마다 다를 거예요. 재미있게 노는 내 모습을 떠올릴 수도 있고, 달리기를 하다 넘어져 속상해 하는 내 모습을 떠올릴 수도 있지요. 나무 의자에 앉아 조용히 책을 읽는 내 모습을 떠올리는 친구도 있을 거고요.

사람들은 저마다 장소에 대해 특별한 감정을 느끼기 마련이에요.

　장소에 관한 감정이 사람마다 다른 것은 그 장소와 관련된 경험과 기억이 모두 다르기 때문이라고 할 수 있어요. 이는 좋거나 나쁜 감정일 수 있고, 기쁘거나 슬픈 감정일 수도 있답니다. 그래서 장소에 대한 감정을 보면서 그 사람의 특성을 파악하기도 해요.

　장소에 대한 이런 감정을 통해 우리가 사는 지역을 알아가기도 해요. 가령, 내가 살고 있는 지역의 모습을 그림으로 그리게 된다면, 지역의 모습을 떠올렸을 때의 자신의 느낌을 자연스레 담게 돼요. 살고 있는 집을 그릴 수 있고, 즐겨 가는 영화관을 중심으로 그릴 수도 있어요. 아니면 힘들게 완주에 성공한 자전거 길을 중심으로 그릴 수도 있지요. 모두 각자가 느끼는 장소에 대한 느낌을 바탕으로 지역에 대한 생각을 나타내는 거랍니다.

우리 마을을 한눈에 내려다본다고요?

내가 사는 고장에서 가장 유명한 관광지는 어디인가요? 아마 그곳은 경험할 것들이 많아서 주변 지역 사람들까지 자주 찾아오는 곳일 거예요. 사람들은 기억에만 담아 두기 아쉬워 그 관광지의 모습을 사진으로 남기기도 하지요.

그런데 만약 그곳의 모습을 한 장에 모두 담으려 한다면 어디서 찍는 것이 좋을까요? 당연히 최대한 높이 올라가 찍는 것이 좋을 거예요. 하지만 사진을 찍을 때마다 높은 산에 올라간다는 건 너무 힘든 일이에요. 산 정상에 올라간다 해도 시야가 가린다면 원하는 곳이 제대로 나오지 않을 수도 있지요. 그래서 사람들은 아래를 내려다보는 듯한 모습을 남기려고 조금 더 높은 곳에서 사진을 찍기 시작했어요. 바로 높은 하늘과 우주에서 말이죠.

만약 집에서도 하늘에서 땅을 내려다보듯이 우리 고장을 내려다볼 수 있다면 얼마나 좋을까요? 어려운 일 같지만 '디지털 영상 지도'라고 불리는 지도를 활용한다면 마치 높은 하늘에서 내려다보듯이 지구 곳곳을 살필 수 있어요.

디지털 영상 지도는 인공위성 사진을 이용하여 만든 지도예요. 인공위성을 이용했기에 우리나라 전체뿐만 아니라 우리 고장을 폭넓게 볼 수 있답니다. 또 위치를 매우 정확하게 알 수 있으며 확대를 통해 주변의 모습도 자세히 알 수도 있지요.

디지털 영상 지도는 컴퓨터나 스마트폰 등을 활용해서 손쉽게 볼 수 있다는 장점도 있어요. 마음만 먹으면 지금 당장 우리가 살고 있는 곳을 인공위성 사진을 통해 살펴볼 수 있죠. 이 지도는 위치 찾기 기능, 길 찾기 기능, 3D 기능, 증강 현실 기능 등 쉽게 활용할 수 있는 기능이 많이 있어요. 여러 기능들을 이용해 원하는 곳을 다양하고 정확하게 살필 수 있답니다.

003

각 지역마다 독특한 별명들을 갖고 있다고요?

'국민 MC' 유재석, '피겨 여왕' 김연아…. 이처럼 딱 맞는 별명은 그 사람의 특징이 되어 자주 사용되곤 한답니다. 독특한 별명은 사람만 갖고 있는 게 아니에요. 전국의 여러 지역에도 별명과 관련된 독특한 이야기가 전해지고 있어요.

서울 동작구의 지하철 7호선역인 '장승배기역'도 그중 하나예요. 평범하지는 않은 이 역 이름은 도대체 어떻게 생긴 걸까요?

조선시대 제22대 왕인 정조의 아버지는 뒤주 속에 갇혀 비통하게 죽은 '사도세자'였어요. 아버지의 애통한 죽음을 슬퍼했던 정조는 왕위에 오른 후에 아버지의 묘소인 현륭원을 자주 찾아가서 명복을 빌었지요. 그런데 궁궐에서 현륭원까지 가는 길이 울창한 숲 지대여서 사나운 맹수들이 자주 나타날 정도로 위험했다고 해요. 정조는 이에 안전을 기원하며 신하들에게 장승 한 쌍을 만들어 세우게 했어요. 바로 '천하대장군'과 '지하여장군'이었죠. 정조는 장승이 세워지고 난 후에 현륭

원에 갈 때마다 항상 장승 앞에서 잠시 쉬어갔어요. 이 장승이 세워진 곳이 바로 지금의 '장승배기'예요.

또 다른 예로 세종 조치원읍 신안리에는 '섭골'이라는 독특한 별명이 전해져요. 예전부터 마을 사람들이 관가에 숯을 공급했던 곳으로 알려져, '섭골'이라 불렸던 것이죠.

이처럼 어떤 지역에 고유하게 붙은 이름을 '지명'이라고 해요. 지명은 오랜 세월 사람들이 일상생활에서 써 오면서 정착이 된 경우가 많아요. 그래서 우리 조상들의 생각과 의지가 담겨 있기도 하고, 그들의 생활 모습을 나타낸 것이 많답니다.

004

10,000원짜리 지폐에는 왜 혼천의가 있을까요?

세계 대부분의 나라에는 그 나라만의 화폐가 있어요. 주로 동전과 지폐로 나누어지는데, 무언가가 새겨져 있는 경우가 많아요.

우리나라 돈 10,000원짜리 지폐 뒷면에는 정교하면서도 뛰어나 보이는 기구가 그려져 있어요.

바로 '혼천의'예요. 조선시대에 만들어진 유물로, 하늘의 천체를 관측하고 연구하는 기구랍니다. 그런데 수많은 유물 중에서 왜 혼천의가 그려졌을까요? 그 이유는 우리나라를 대표하는 문화유산이기 때문이에요.

문화유산이란 우리 조상 대대로 전해 내려온 문화 중에서 다음세대에 물려줄 가치가 있는 것을 말해요. 혼천의는 조선시대 당시의 뛰어난 과학기술 수준을 엿볼 수 있는 소중한 유물로서 국보 제230호로 지정되어 있답니다.

세종대왕 시기에 처음으로 만들어져 천문학을 연구하는 데 사용된 훌륭한 과학기구이지요. 이것이 10,000원짜리 지폐에 그려진 이유랍니다.

　우리가 흔히 접하는 1,000원짜리 지폐에도 우리나라의 대표적인 문화유산이 그려져 있어요. 바로 성균관 명륜당이에요. 퇴계 이황이 머물렀던 곳으로, 고려 말부터 조선시대에 걸쳐 학생들이 유학을 공부했던 곳이죠. 조선시대 유학을 상징하는 중요한 곳이기에 그려져 있다고 할 수 있어요. 5,000원짜리 지폐와 10원짜리 동전에도 소중한 문화유산이 그려져 있어요. 바로 오죽헌 몽룡실과 다보탑이에요.

　문화유산은 눈에 보이는 것만이 전부는 아니에요. 형태가 있는 유형 문화유산에는 익산 미륵사지석탑과 같은 건축물, 측우기와 같은 과학발명품 등이 있어요. 또 형태가 없는 무형 문화유산에는 가야금 병창과 같은 예술 활동이 있답니다.

005

세 번이나 팔만대장경이 사라질 뻔했다고요?

경남 합천 해인사에는 우리나라 국보 제32호이자 유네스코 세계기록유산으로 등록된 문화유산인 합천 해인사 대장경판이 있어요. 팔만대장경으로도 불리는 이것은, 경판 수만 8만 1,352판에 달하고 새겨진 글자 수를 모두 합치면 약 5,200만 자나 되는 세계에서 가장 오래된 대장경판이랍니다. 고려 고종 때 침입한 외적을 부처의 힘으로 물리치기 위해 목판에 글자를 새겨 만들었어요.

이런 귀중한 팔만대장경이 역사에서 세 번이나 사라질 뻔했다고 해요. 첫 번째 위기는 해인사에 일어난 크고 작은 화재들이었어요. 해인사에는 건물이 무너질 정도로 큰 불이 일곱 번이나 났는데, 그때마다 다행히 팔만대장경만큼은 아무런 피해가 없었어요. 그래서 사람들이 부처의 자비로 피해를 받지 않았다고 말할 정도였지요.

두 번째는 일제강점기로, 팔만대장경을 수시로 탐내던 일본

이 어떻게든 일본 본토로 내가려고 계획을 세웠어요. 그 계획을 무산시킨 이들이 해인사 승려들이랍니다. 승려들은 팔만대장경을 내줄 바에는 모든 장경을 불태우고 함께 죽음을 맞겠다며 완강히 버텼지요. 그러한 강인한 수호의지에 지친 일본은 포기할 수밖에 없었답니다.

  세 번째 위기는 6·25전쟁 때였어요. 북한 인민군이 해인사에 숨어들자 그들을 소탕하기 위해 해인사를 폭격하라는 작전 명령이 내려졌어요. 하지만 당시 공군 전투기 조종사로서 토벌작전에 참여하던 김영환 장군은 문화유산은 한번 폭격하면 영원히 사라진다며 해인사 폭격을 거부했어요. 군인은 명령을 따르지 않으면 안 되는데도 말이지요. 대신 해인사 주변을 공격하며 북한 인민군들을 모두 소탕하였지요. 김영환 장군이 아니었다면 지금 우리는 팔만대장경을 만나지 못했을 거예요.

006

옛날에는 서울에서 부산까지 어떻게 이동했을까요?

가까운 곳이나 먼 곳으로 현장체험학습을 갈 때면 주로 버스나 기차로 이동을 하지요. 아무리 멀더라도 몇 시간 정도면 손쉽게 이동할 수 있어요. 그런데 자동차나 버스, 기차가 없던 옛날에는 어떻게 먼 거리를 이동했을까요?

옛날 사람들은 다른 고장으로 빠르게 가고 싶을 때면 주로 말을 타고 이동했답니다. 그 당시에는 말이 가장 빠르고 간편한 육지 이동수단이었기 때문이에요. 나라에 중요한 소식을 전하는 관리들 역시 주로 말을 타고 이동했어요. 하지만 아무리 말이라도 너무 먼 거리는 잠시 쉬어가야 했어요. 오늘날에도 남아 있는 지명인 조치원, 이태원, 장호원 같은 곳들이 말과 말을 타던 사람이 잠시 쉬어가던 곳이었어요.

강이 있는 곳에서는 이동수단으로 뗏목을 이용했어요. 사람들이 나무로 만든 뗏목을 타고 이동하거나 물건을 옮겼지요. 그리고 바람의 힘으로 가는 돛단배를 이용하기도 했어요.

이외에도 옛날 사람들은 다양한 교통수단을 활용했답니다. 소달구지를 이용하여 무거운 짐을 나르거나 가마를 타기도 하고, 당나귀를 이용하여 다른 곳으로 이동하기도 했어요.

　이런 옛날 사람들이 이용했던 교통수단의 공통점은 무엇일까요? 맞아요. 바로 사람이나 가축의 힘을 이용했다는 점이에요. 또한 나무와 같은 자연에서 쉽게 얻을 수 있는 재료를 사용했다는 점도 있어요.

　옛날 사람들이 이용했던 교통수단은 장점과 단점이 분명해요. 먼저 오늘날 대부분의 교통수단과 다르게 환경을 오염시키지 않는다는 훌륭한 장점이 있었어요. 하지만 이용하는 사람들이 많이 힘들고, 시간도 오래 걸릴 뿐만 아니라 여러 사람이 함께 이용하기 어렵다는 단점도 있었지요.

007

울릉도에는 특별한 택시가 있다고요?

택시 많아요! 어서 타세요!

"울릉도 동남쪽 뱃길 따라 87K(팔칠케이) 외로운 섬 하나 새들의 고향!"

'독도는 우리 땅' 노랫말에 나오는 또 다른 섬 울릉도는 경북 포항에서 3시간 정도 배를 타고 가면 도착할 수 있어요. 이 섬에 가면 흔히 보는 택시 모습이 아닌 독특한 모양의 택시를 볼 수 있는데, 바로 지프차 택시랍니다.

울릉도의 택시들이 대부분 지프차인 이유는 독특한 환경 때문이에요. 섬 대부분이 산지로 이루어져 있고 겨울에는 눈이 특히 많이 내려서, 가파른 길이나 눈길을 안전하게 잘 다니기 위해서 지프차 택시를 이용한다고 해요.

이처럼 독특한 환경에 맞는 교통수단이 이용되는 지역들이 많답니다. 강원도 속초에서는 바다를 사이에 두고 떨어진 두 마을을 오갈 때 특별한 교통수단을 이용해요. '갯배'라는 교통수단으로, 배에 탄 사람들이 직접 갈고리를 이용하여 배를 앞으로 끌어당기는 방법으로 운행하지요.

 농사를 많이 짓는 농촌에서는 '경운기'라는 교통수단을 이용하기도 해요. 도시에서는 좀처럼 볼 수 없는데, 무거운 농사 도구와 농산물을 운반하거나 밭 갈기, 약 뿌리기 등의 일을 할 때 사용하는 교통수단이에요.

 이밖에도 가파른 길을 오르내리거나 수확한 농작물을 운반할 때 사용하는 모노레일, 사람과 함께 자동차 등을 배에 실어 육지나 섬으로 운반하기 위해 이용되는 카페리 등 생활 속에는 다양한 교통수단이 있답니다.

 어려운 일을 당했을 때 이용되는 구조 교통수단도 지역별 독특한 환경에 맞게 다양하게 이용되고 있어요. 산악 구조 헬리콥터나 해상 구조 보트 등이 그 예랍니다.

008

미래에는 자동차가 하늘을 날아다닌다고요?

어머~ 아직도 땅에서 자동차 타니?

"지금 고속도로 현장에 줄지어 늘어선 자동차들, 마치 거북이처럼 기어가고 있습니다."

설이나 추석 명절, 주말이면 자동차들로 꽉 막힌 고속도로 모습과 함께 뉴스로 나오는 내용이에요. 이럴 때면 '하늘을 날아가고 싶어'라고 생각하는 친구들이 많을 거예요. 정말 언제쯤 하늘을 나는 자동차가 만들어질까요?

2019년 1월, 미국의 항공우주기업인 '보잉'은 하늘을 나는 자동차인 '플라잉 카'의 첫 시험비행에 성공했다고 밝혔어요. 이들 뿐만 아니라 일본, 유럽 등 수많은 나라에서 하늘을 나는 자동차를 개발하기 위해 연구에 많은 힘을 쏟고 있어요.

땅 위를 다니는 교통수단이 곧 한계에 다다를 것이라 예상하

고 본격적인 개발에 나서고 있는 거예요. 물론 아직까지는 많은 사람이 타고 이동할 수 있는 수준까지 개발된 것은 아니에요. 하지만 가까운 미래에는 사람이 자동차를 타고 나는 모습을 볼 수 있을 거예요.

 미래에 곧 나타날 것으로 예상되는 교통수단에는 또 무엇이 있을까요? 먼저, 인공지능을 갖춘 '완전 자율주행 자동차'가 등장할 거예요. 운전이 미숙하거나 졸음운전으로 발생할 수 있는 사고를 막아주고, 장애인이나 노약자 등 몸이 불편한 사람들을 위해 활용될 것으로 기대하고 있어요.

 또한 주유소에서 연료를 넣을 필요가 없는 태양열을 이용한 자동차나 로봇형 이동 수단, 1인용 자가 비행 장치 등 많은 새로운 교통수단도 등장할 것으로 예상되지요.

 미래의 교통수단들은 지금보다 안전하고 빠르게 이동할 수 있을 뿐만 아니라 석탄과 석유 같은 화석연료 사용을 줄여 환경오염도 함께 줄일 수 있을 거예요.

009

전쟁 공로를 인정받은 새가 있다고요?

 오늘날처럼 통신기술이 발달하지 않은 예전에는 그 당시 상황에 맞는 다양한 방법으로 소식을 알렸어요. 조선시대에는 걸어가거나 말을 타고 가서 직접 소식을 전했는데, 이로 인해 시간이 무척 오래 걸렸답니다. 때문에 과거 시험 합격자 명단처럼 여러 사람에게 알려야 하는 경우에는 사람들이 많이 모이는 장소에 내용을 적어서 벽에 붙이기도 했어요.

 하지만 전쟁과 같은 위급상황이 일어나면 직접 가거나 방을 붙이는 방법을 사용할 수는 없었어요. 이런 상황에서는 북을 울리거나 연을 띄우는 방법, 혹은 봉수를 이용하여 소식을 전하는 방법 등을 이용했어요.

 봉수란 산이 많은 우리나라에서 사용되던 통신수단으로서 낮에는 연기로, 밤에는 횃불로 먼 곳까지 소식을 전하는 체계적인 방법이었어요. 이를 통해 전쟁이 났을 때 수도인 한양까지 빠르게 위급상황을 알릴 수 있었답니다.

이외에도 전쟁 중에 통신수단으로 새를 이용하기도 했어요. 새는 방향감각과 원래 있던 곳으로 돌아가려는 귀소 본능이 뛰어나 사람들은 이를 이용해 소식을 전할 수 있었어요. 이런 임무를 맡은 새를 '전서구'라고 해요. 전서구는 한쪽 다리에 쪽지를 달아서 정해진 곳으로 전달하도록 특별한 훈련을 받아 장거리 비행에도 뛰어났답니다.

제1차 세계대전 때였어요. 당시 고립되어 생사가 어려운 상황에 놓였던 미군은 '세르 아미'라는 비둘기 다리에 구조 메시지를 묶어 구조 요청을 했어요. 세르 아미는 날아가는 도중에 여러 발의 총을 맞아 부상을 크게 입었는데도, 끝까지 목적지에 도착해 임무를 완성했답니다. 이 새의 활약으로 194명의 병사들이 목숨을 구했고, 후에 미국 정부는 이 새에게 멋진 훈장을 수여했답니다.

010

특별한 의사소통 방법이 있다고요?

　오늘날 사람들이 가장 많이 사용하는 통신수단은 휴대전화예요. 하지만 휴대전화 이외에도 생활하는 장소나 하는 일에 따라 다양한 통신수단들이 사용되고 있어요.

　바다 속을 잠수하는 잠수부들은 말을 할 수 없을 뿐만 아니라 몸을 자유롭게 움직일 수 없어서 서로 이야기를 주고받기가 어려워요. 그래서 물속에서는 서로 수신호를 사용하여 생각을 전한답니다. 예를 들어 엄지를 든다든지, 손바닥을 아래로 향하게 하는 식으로 생각을 표현하죠.

　범죄 사건들을 해결하는 경찰관은 무전기를 이용하여 출동하는 장소와 상황 등을 이야기해요. 무전기는 긴급한 상황이 생겼을 때 여러 사람에게 동시에 내용을 전달하거나 빠르게 도움을 요청할 수 있는 통신수단이에요.

　대형마트에서 물건을 파는 직원들은 무선 마이크라는 통신수단을 이용해요. 다양한 물건을 판매하는 직원들은 이를 통해 양손을 자유롭게 사용할 수 있죠. 또 넓은 매장에서 서로 쉽게 의사소통을 하기도 해요.

　농촌의 주택과 도시의 아파트 역시 서로 다른 통신수단을 이용하고 있어요. 농촌의 주택은 집들이 서로 붙어 있지 않고 넓게 흩어진 경우가 많아 마을 방송을 사용하지요. 반면 도시의 아파트는 한 건물에 여러 집이 있기 때문에 인터폰을 사용해 연락을 취해요.

　이밖에도 폭발을 방지하는 특수한 전화기를 사용하는 광산의 광부, 컴퓨터 메신저로 연락을 주고받는 선생님 등 다양한 통신수단 사례는 참 많아요. 오늘날의 통신수단은 이처럼 사람들이 필요로 하는 목적에 맞게 다양하게 개발되어 생활 속에서 편리하게 이용되고 있답니다.

011
화분이 스스로 물을 준다고요?

지난 2016년, 이세돌 9단과 인공지능 알파고와의 바둑대결이 있었어요. 세계적으로 큰 관심을 끌었던 이 대결은 인공지능이 얼마나 발전하고 있는지를 판단하는 잣대로도 많은 이의 관심을 끌었어요. 결과는 충격적이게도 인공지능의 압승이었답니다.

인공지능이 딥 러닝이라는 기술로 상당한 수준까지 발달했다는 것을 알 수 있는 순간이었어요. 스스로 판단하고 작업을 수행하는 인공지능 기술이 이제는 여러 통신수단에 접목되어 활용될 가능성이 커졌어요. 특히 스마트 기기와 결합되어 생활을 편리하게 만들어줄 가능성이 높아졌죠.

이번에도 또 일주일치 물을 다 주고 가네….

사람, 사물, 공간 등 모든 것이 인터넷으로 서로 연결되어 정보가 공유되는 '초연결 인터넷'을 뜻하는 사물인터넷 또

한 인공지능과의 결합으로 놀라운 발전을 보여줄 거로 기대되는 분야예요. 전화기를 손으로 잡지 않아도 멀리서 전화를 걸 수도 있고, 외출한 상태에서 청소기나 세탁기에 명령해 집안 청소나 빨래를 하는 것 등이 모두 이 사물인터넷을 통해 이루어질 수 있어요.

이제는 식물을 키우는 화분에도 사물인터넷 기술이 도입되고 있어요. 예전에는 '화분'이 식물을 기르기 위한 단순한 그릇이었다면, 스마트 화분은 스스로 흙과 주변의 상태가 어떤지를 알려주고 자동으로 물까지 주는 기능이 있다고 해요. 집 밖에 있어도 필요할 때마다 물과 양분을 식물에게 줄 수 있는 것이죠.

이처럼 미래에는 사물인터넷 기술, 인공지능 기술 등이 반영된 스마트 통신수단을 이용하여 다양한 상황에서 필요한 정보를 주고받을 수 있게 될 거예요.

012

논밭이 호수로 변할 수도 있을까요?

산, 강, 아파트, 시장, 학교, 병원 등 우리 주변을 둘러싸고 있는 모든 것을 '환경'이라고 불러요. 환경은 자연 그대로의 것도 있고 사람들이 만들어낸 것도 있어요.

자연 그대로의 환경은 산, 들, 강, 바다 등과 같은 자연의 모습을 그대로 간직한 것들이에요. 이들은 다양한 땅의 생김새를 나타내는데, 그에 따른 우리의 생활모습도 각기 달라요. 예를 들어 산이 있는 곳에서는 등산로를 이용하는 사람이 많고, 들이 있는 곳에서는 농사를 짓는 사람이 많아요. 바다가 있는 곳에서는 염전을 만들어서 소금을 얻는 사람들이 있고요. 자연환경은 이러한 땅의 생김새와 함께 날씨에 영향을 주는 눈과 비, 바람, 기온 등을 포함하기도 해요. 모두 자연을 구성하고 있는 요소예요.

그런데 자연 그대로의 환경이라고 하려면 정말 자연 그대로의 모습이어야 해요. 만약 '들'을 논과 밭, 과수원처럼 사람이 개발하고 만들었다면 그 순간 자연 그대로의 환경이라고 말하기는 어려울 거예요.

'호수' 역시 마찬가지예요. 자연환경에 포함되려면 자연의 모습을 그대로 간직한 호수이어야 해요. 각 지역마다 멋진 경치를 가진 호수들이 많은데, 그중 일부는 처음에는 호수가 아니었던 곳도 있어요. 자연 그대로의 모습이 아니라 사람들이 필요에 의해 개발하고 만든 새로운 호수인 것이죠. 처음에는 논밭이나 들, 작은 저수지 등이었다가 새롭게 개발되면서 물을 채워 호수 모습으로 탈바꿈한 곳들이에요. 이런 곳들을 우리는 '인공호수'라고 부른답니다.

이처럼 사람이 만든 환경을 '인문환경'이라고 말해요. 사람이 만든 환경이라도 소중한 자연환경처럼 잘 보살펴야 하는 환경이랍니다.

013
해안 지역에는 모두 어촌만 있을까요?

드넓은 모래사장과 푸른 바다가 있는 해수욕장에 놀러 가면 당장이라도 바다에 뛰어들고 싶은 마음이 들지요. 바다와 접한 곳에 사는 친구들이 부럽다는 생각도 들어요. 하지만 바다와 접해 있는 모든 해안 지역이 해수욕장이 되는 건 아니랍니다. 해안 지역 중에서도 해수욕에 알맞은 환경이라야 개발되어 해수욕장이 된답니다.

마찬가지로 해안 지역에 있는 마을은 전부 어촌일까요?

언뜻 생각하면 바다와 접해 있으니 어촌만 있을 것 같은데 사실은 그렇지 않아요. 해안 지역 중 해안선을 따라서 집들이 일렬로 쭉 늘어서 있고, 사람들 대부분이 물고기를 잡는 어업에 종사하는 곳만이 어촌이라 할 수 있어요. '해안 지역'은 말 그대로 바다와 육지가 맞닿은 지역이고, '어촌'은 어업에 종사하는 사람들이 많은 지역을 말하는 것이기 때문이에요.

실제로 해안 지역 중에는 부산광역시 같은 대도시도 있고, 포항이나 울산 같은 공업도시, 목포 같은 항구도시도 있어요. 또한 바다에서 물고기를 잡는 것은 정말 어렵고 힘든 일이어서 해안 지역에 살지만 어업에 종사하지 않고 농사를 짓는 사람도 의외로 많다고 해요. 해안 지역이라도 이렇게 다양한 모습이 나타나기에 무조건 어촌만 있다고 말하기는 어려운 것이랍니다.

산간 지역의 마을도 마찬가지예요. 산간 지역이라고 해서 모두 산속에 옹기종기 집들이 모여 있는 산지촌은 아니에요. 산간 지역은 주로 밭농사나 고랭지 채소 재배, 목축업 등이 많이 이루어지지만, 논농사를 짓는 곳도 있고 많은 인구가 모여 사는 도시도 있답니다.

014

로빈슨 크루소는 살아남기 위해 무엇을 했을까요?

"철썩, 철썩, 끼룩끼룩…."

아무도 살지 않는 외딴 섬에 혼자 남은 로빈슨 크루소는 어떤 마음이었을까요? 정말 눈앞이 까마득하고 앞으로 무엇을 해야 할지 고민되는 난감한 마음이었을 거예요. 그렇다면 무인도에서 살아남기 위해 로빈슨 크루소가 가장 먼저 했던 일은 무엇이었을까요?

나뭇가지들을 모아 엮어서 집을 만들고 울타리를 친 일이었어요. 가장 먼저 집을 만든 까닭은 어딘가에서 나타날지 모르는 무서운 동물들로부터 몸을 숨기고, 어떤지 모르는 낯선 환경에서 편하게 잠을 자고 쉬기 위해서였죠.

그다음으로는 먹을 것이 필요했어요. 로빈슨 크루소는 바닷가에서 물고기를 잡고, 나무 열매를 따서 배를 채

우기 시작했답니다. 점차 적응이 된 후에는 섬에 사는 동물들을 사냥하며 음식을 만들었어요. 음식을 먹지 않으면 움직일 힘이 없어지기 때문에 먹을 것을 구하는 것은 굉장히 중요한 일이었지요.

시간이 지나 표류하던 당시부터 입고 있던 로빈슨 크루소의 옷이 해지기 시작했어요. 옷에 난 구멍이 점차 커지고 낡아졌죠. 로빈슨 크루소는 자신의 몸을 보호해줄 새로운 옷이 필요했어요. 주변에서 구하기 쉬운 여러 나뭇잎을 이용해 옷을 만들어서 입었어요.

로빈슨 크루소가 무인도에서 살아남기 위해 했던 일들은 이처럼 집, 음식, 옷을 얻는 일이었어요. 이는 사람이 살아가는 데 반드시 필요한 것들이지요. 오늘날 우리가 의식주라고 부르는 이 세 가지는 삶을 살아가는 데 어느 하나라도 빼놓을 수 없는 기본적이고 필수적인 것이랍니다. 어느 한 가지라도 부족하면 제대로 삶을 살아갈 수 없기 때문이에요.

015

에스키모인의 옷은 순록의 가죽이라고요?

　가만히 서 있기도 힘들 만큼 추운 시베리아, 그곳에 사는 사람들은 추위를 견디기 위해 어떤 옷을 입을까요? 이누이트족이라고도 불리는 시베리아와 알래스카의 에스키모인들은 순록과 물범 가죽으로 옷을 만들어 입는답니다. 윗옷과 아래옷뿐만 아니라 모자와 장갑, 신발까지 이중으로 만든 털가죽으로 만들어 강한 추위를 견뎌내지요. 이처럼 기온이 매우 낮은 지역에서는 동물의 털이나 가죽을 이용한 두꺼운 옷이 예로부터 발달했어요.

　반대로 날씨가 무덥고 비가 많이 내리는 지역에서는 어떨까요? 베트남처럼 덥고 습한 지역의 사람들은 바람이 잘 통하는 긴 옷을 입고 챙이 넓은 모자를 써요. 강한 햇빛과 더위를 피하여 생활하기 위해서예요. 날씨는 무덥지만, 습하지 않고 건조한 사막 지역 사람들의 옷차림은 조금 달라요. 사막 지역 사람들은 흰 천으로 된 긴 옷을 입고 머리에는 천을 둘러 뜨거운 햇볕과 모래바람을 막고 일교차가 큰 밤에 체온이 떨어지는 것을 방지한답니다.

 비교적 사계절의 변화가 뚜렷하고 기후가 온화한 우리나라는 계절에 따라 사람들의 옷차림이 변해요. 봄과 가을에는 가벼운 긴 팔 옷차림을 하고, 더운 여름에는 바람이 잘 통하는 소재의 옷을 입지요. 추운 겨울에는 두꺼운 옷을 입어 추위를 막는답니다.

 높은 산이 많은 남아메리카의 페루 지역 사람들은 망토 등의 긴 옷을 입고 큰 모자를 쓴답니다. 높은 산이 많은 지역은 고도가 높아질수록 기온이 낮아지는 특징이 있어요. 또 공기의 밀도가 낮아서 일교차가 크지요. 이런 지역에서는 낮의 뜨거운 햇볕을 막고 밤의 추위를 견디기 위해 망토와 같은 긴 옷, 모자를 쓴답니다.

016
김치도 각 고장마다 특색이 있다고요?

가족여행을 하면서 맛집을 찾아다니는 건 정말 큰 재미죠. 각 고장마다 고유의 맛있는 음식들이 있는데, 대부분 자연환경에 따라 발달한 음식이 많아요.

바다가 있는 고장에는 해산물이 들어간 음식이 많아요. 예를 들어 제주도에는 싱싱한 옥돔을 구운 옥돔구이가 유명하고, 굴이 좋기로 소문난 서산에는 굴로 담근 어리굴젓이 유명하죠. 산이 많은 고장은 어떨까요? 옥수수나 메밀, 감자 등이 많이 나는 강원도는 감자옹심이, 메밀막국수 같은 음식이 발달해 있어요. 또한 넓은 들과 산, 바다가 어우러져 있는 전라도는 맛의 고장으로 불릴 만큼 음식의 재료가 다양해 전주비빔밥 등 여러 음식이 유명해요.

대표적인 우리 음식 김치는 어떨까요? 김치도 지역의 자연환경에 영향을 받았을까요? 맞아요. 우리에게 익숙한 배추김치 외에도 고장마다 조금씩 특색 있는 김치들이 있어요.

　경기도에는 장김치라는 것이 유명해요. 배추 줄기와 무를 갸름한 네모 모양으로 썰어 진간장에 절이는 김치예요. 다른 김치보다 빨리 익고 겨울철에 더 맛있기로 유명하지요. 강원도에서는 무청김치를 많이 담가 먹어요. 무의 밑동을 조금만 남기고 겉잎은 떼어 낸 후, 연한 부분만 소금에 절여 담근 김치이죠.

　평안도에서는 우리가 자주 보는 빨간 색의 김치가 아닌 고춧가루를 넣지 않고 담그는 하얀 색의 백김치가 유명해요. 소금이나 젓갈을 많이 넣지 않고 국물을 넉넉히 만들어 조금 싱거운 편이지요. 추운 겨울 날씨 탓에 심심하게 간을 맞추고 시원하게 즐기는 것이 특징이에요.

　이밖에도 전라도의 갓김치, 경상도의 우엉김치 등이 유명해요. 지역만의 독특한 음식문화가 발달해 있다고 말할 수 있어요.

017

물 위에서 사는 사람들도 있다고요?

우리집에 놀러 와! 얼음이지만 따뜻해.

 우리가 흔히 생각하는 집은 아파트, 단독 주택처럼 대부분 땅 위에 있어요. 그런데 땅 위가 아닌 물 위에 집을 지은 사람들도 있다고 해요. 주로 열대 기후 지역에 사는 사람들이 지은 집으로, 이런 집을 수상가옥이라고 해요. 이들이 물 위에 집을 짓는 이유는 다름 아닌 모기와 같은 해충과 무더위를 피하기 위해서랍니다.

 수상가옥은 해안이나 강변에 굵은 말뚝을 박고 수면보다 2~3미터 위에 두꺼운 나무판을 깔아서 만들어요. 벽은 주변에서 쉽게 구할 수 있는 대나무나 야자수 잎을 이용하고 지붕은 볏짚이나 갈대로 뾰족한 고깔 모양으로 만들지요. 이 고깔 모양의 지붕을 통해서 비를 빨리 흘러내리게 할 수도 있어요.

 집을 높게 짓는 경우는 홍수가 많이 나

는 지역에서도 나타나요. 여름철 홍수로 물에 잠길 위험이 있는 집을 보호하기 위해서 일부러 땅 위에 터를 돋우어 높은 곳에 집을 짓지요.

　수상가옥 이외에도 세계 여러 나라에는 독특한 집들이 많아요. 러시아에는 '이즈바'라는 통나무집이 있어요. 러시아와 같이 추운 지역의 나무는 곧게 자라기 때문에 통나무를 쉽게 구할 수 있어 많이 볼 수 있죠. 이밖에도 터키의 동굴집, 이누이트의 이글루 등 세계 곳곳에는 자연환경과 생활방식에 따라 다양한 집들이 존재하고 있어요.

　조상들의 지혜가 엿보이는 온돌의 우리나라 한옥도 물론 그 중 하나예요. 겨울철 눈이 많이 내리는 울릉도에는 집에 눈이 들어오는 것을 막기 위하여 지붕 끝 땅까지 내린 벽인 우데기를 설치하기도 했답니다.

018
왜 외국인들은 우리나라의 온돌을 보고 놀랄까요?

우리 조상들이 추운 겨울을 따뜻하게 보낼 수 있었던 비결은 이웃나라 중국이나 일본에는 잘 없었던 '온돌'이라는 독특한 난방장치에 있었어요. 사계절의 변화가 비교적 뚜렷한 우리나라의 조상들은 덥고 습한 여름에는 시원한 대청마루, 추운 겨울에는 집안을 따뜻하게 해주는 온돌을 사용했어요.

이 온돌은 추운 지역인 북쪽 지방에선 더욱 필요한 것이었어요. 그래서 비교적 따뜻한 남쪽 지방보다 북쪽 지방에서 온돌의 흔적을 많이 찾을 수 있어요.

온돌은 삼국시대에도 사용되었어요. 고구려의 살림집에 온돌 시설이 있었다는 기록이 전해지며, 실제로 유적에

서 온돌의 흔적이 발견되었답니다. 고구려뿐만 아니라 백제와 신라의 유적에서도 온돌에서 사용되는 구들의 흔적이 나왔어요. 다만 고구려보다 따뜻한 남쪽 지방이어서 그 수가 적을 뿐이었죠. 고구려의 뒤를 이은 발해 역시 온돌을 사용하였어요. 이후 고려, 조선시대로 넘어오면서 온돌문화는 우리 민족의 대표적 난방 방식으로 자리 잡았어요. 대부분의 한옥에 온돌이 있을 정도로 근래까지 주된 난방 방식으로 사용되었지요.

　온돌을 활용한 난방 방식은, 아궁이에 불을 때 생긴 열기가 방바닥 아래의 비어 있는 공간을 따라 이동하면서 방바닥 아래 얇고 넓은 돌인 구들장을 덥히는 방식이에요. 따뜻해진 구들장의 열기가 점점 방 전체에 퍼지는 원리를 이용했어요. 이 열기가 방안을 전체적으로 순환하면서 공기를 골고루 데우게 된답니다. 우리 고유의 온돌은 열효율이 높고 잔고장이 없는, 매우 경제적인 난방법이라 할 수 있어요.

019

우리나라에서는 언제 처음 거울을 사용했을까요?

옛날 백제시대에도 거울은 있었지만 왕이나 귀족들 중 일부만 가질 수 있었어요. 일반 백성들은 쉽게 가질 수 없는 물건이었죠. 오늘날이야 흔하게 볼 수 있는 물건이 되었지만 예전에는 실생활이 아닌 제사에서 주로 사용했답니다.

우리나라에서 거울이 처음 사용된 때는 삼국시대보다 훨씬 이전인 청동기시대부터였어요. 그때의 사람들은 태양을 숭배했는데, 태양을 지상으로 가져오는 연결고리로서 거울을 사용했어요. 사람들은 빛에 하늘의 메시지가 담겨 있고, 이것이 땅 위의 사람들에게 전달되기를 바랐어요. 그래서 제사의식을 할 때 거울로 햇빛을 반사시켜 그 빛을 가져왔던 거랍니다.

청동거울은 말 그대로 유리가 아니라 청동으로 만들어졌어요. 앞쪽은 반짝반짝해 거울로 사용하는

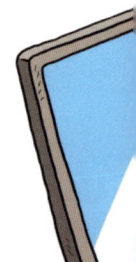

부분이고, 뒤쪽은 줄을 매다는 고리가 있는 부분이었어요. 청동거울은 당시 중국에도 있었는데, 중국과 비교해보면 우리의 청동거울에는 뒷부분에 독특한 특징이 있었어요. 뒷면에 빗금과 직선을 이용해 우리만의 독특한 무늬를 넣었던 거예요.

 거울을 일상생활에서 사용하기 시작한 것은 과연 언제부터였을까요? 많은 사람이 얼굴을 보는 목적으로 거울을 사용한 때는 고려시대로 짐작되고 있어요. 고려시대에 들어서는 거울의 종류가 많아졌고, 당시 크게 유행하기도 했어요. 거울에 손잡이를 달기도 하고 장식을 끼워 넣어 꾸미기도 했답니다. 아름다움을 위한 도구로 거울을 사용하기 시작했던 거예요.

 우리가 늘 가까이 놓고 사용하는 거울, 의외로 그 역사는 꽤 오래되었어요. 거울을 통해 그 당시 사람들의 문화를 알 수 있기에 많은 이들이 거울을 '역사를 잇는 하나의 도구'라고도 부르고 있답니다.

020

옛날 사람들은 어떻게 농사를 지었을까요?

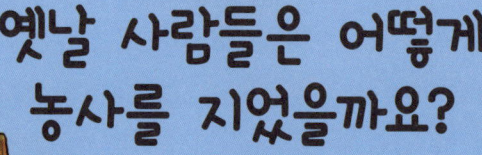

농사가 시작된 때는 아주 오래전으로 거슬러 올라가야 해요. 석기를 이용해 사냥을 하거나 열매를 따먹고 낚시를 해서 먹을 것을 구하던 시대의 사람들은 먹을 것을 찾아 사는 곳을 여러 번 이동해야 했어요. 그러던 중 땅에서 작물의 싹이 돋아난다는 것을 알게 되면서 농사가 시작되었지요.

사람들은 농사를 짓기 시작하면서 많은 종류와 양의 곡식을 심어 여러 사람이 쉽게 수확할 수 있도록 노력했어요. 그래서 점차 도구도 함께 발전시켰답니다. 처음에는 긴 나무 막대기 끝에 뾰족한 돌을 묶어 만든 돌괭이 같은 도구로 땅을 갈아 논이나 밭을 만들었어요. 또 돌을 갈아서 날카롭게 만든 반달 돌칼 같은 도구로 익은 곡식들을 거두기도 했지요. 그렇게 돌을 이용하여 농사를 짓던 사람들은 더 날카롭고 튼튼한 도

구가 무엇일까를 고민했어요. 그래서 철로 만든 괭이를 사용하게 되었고, 익은 곡식을 수확할 때도 철로 만든 낫을 이용해 더 쉽게 수확하게 되었지요.

농사 도구는 점점 발전해 사람이 하던 일을 가축을 이용하게 되었죠. 여러 가축 중에서도 특히 소가 농사를 지을 때 많이 활용되었어요. 소를 이용해 쟁기로 농사를 지으면서 사람들은 힘을 덜 들이고 논이나 밭을 갈 수 있게 되었어요.

오늘날에도 농사는 여전히 우리에게 중요한 산업이에요. 요즘은 농기계가 발달해 땅을 갈 때는 트랙터를 이용하고, 수확할 때는 콤바인을 이용해요. 사람과 가축에서 더 발전해 이제는 기계나 로봇을 이용하여 편리하게 농사를 짓게 되었답니다.

국물 요리는 언제부터 시작되었을까요?

우리나라는 전통적으로 국물을 이용한 요리가 발달했어요. 그래서 맛이 뛰어난 국물 요리가 아주 많지요. 각 지역에서만 맛볼 수 있는 독특한 국물 음식도 있을 정도니까요.

아주 옛날, 토기가 발명되기 전에는 음식을 단순하게 불에 직접 구워 먹었어요. 익혀 먹는 방법으로만 사용했던 거예요. 그러다 토기를 만들어 음식을 보관하고 담을 수 있게 된 후에는 먹는 방법이 좀더 다양해졌어요. 토기 안에 물과 조개를 넣고 끓여 따뜻한 국물이 있는 음식을 만들어 먹었죠.

구워 먹는 방식뿐만 아니라 끓여 먹는 방식까지 요리에 사용할 수 있게 되면서 사람들은 다양한 국물 요리를 하게 되었어요. 이후 오늘날까지 이어지는 많은 종류의 국물요리가 생겨나게 되었지요.

 토기가 생긴 이후에 시루, 가마솥 등 음식을 만드는 도구는 계속 발전했어요. 우리 조상들은 시루 바닥의 구멍에서 올라오는 뜨거운 김을 이용하여 생선이나 떡을 쪄 먹었어요. 끓여 먹는 방식을 넘어 쪄서 먹는 방법까지 익히게 된 거예요.

 가마솥을 이용해서는 쌀을 골고루 익혀 먹을 수도 있게 되었어요. 가마솥은 철로 만든 무거운 솥뚜껑을 덮어 솥 안의 뜨거운 김이 빠져나가지 않게 해 안에 있는 쌀이 골고루 익게 할 수 있었어요. 그래서 가마솥은 밥을 짓는 데 있어 아주 훌륭한 조리도구였답니다.

 오늘날에는 전기밥솥 등을 이용해 밥을 짓지요. 맛이 좋을 뿐만 아니라 쉽고 빠르게 밥을 지을 수 있어 사람들 대부분이 즐겨 이용하고 있어요. 이처럼 토기부터 전기밥솥까지, 음식을 만들 때 사용하는 도구는 시간이 지나면서 계속 발전해왔어요.

022

초가집과 기와집의 차이는 무엇일까요?

한곳에 정착해 농사를 짓기 시작하면서 사람들은 '움집'을 만들었어요. 땅을 파서 큰 기둥을 세우고 그 위에 풀과 짚을 덮었지요. 이 움집을 통해 사람들은 비바람을 피할 수 있었어요. 움집의 지붕은 산 모양과 비슷하고, 그 내부는 동그래서 여러 명이 함께 생활할 수 있었답니다.

시간이 흐르면서 사람들은 땅을 파는 대신, 땅 위로 집을 짓는 기술을 익히게 되었지요. 통나무를 여러 개 준비한 다음, 네모 모양으로 겹겹이 쌓고는 그 통나무 사이사이에 진흙을 발라 굳혔어요. 이렇게 만든 집을 '귀틀집'이라고 하는데, 움집보다 더 크고 튼튼했어요. 귀틀집은 움집과는 달리 벽이 만들어지고 네모 모양의 큰 공간이 나와 사람들이 살기 적합했답니다.

이 귀틀집은 시간이 지나면서 초가집으로 그 모습이 발전했어요. 초가집에는 마루와 나무, 한지로 만든 문이 있었는데,

방을 땅에서 떨어지게 지어 바닥에서 올라오는 습기와 찬 기운을 피할 수 있게 했어요. 그리고 한 해의 농사가 끝나면 볏짚을 새로 엮어 지붕을 덮기도 했어요. 볏짚이나 나무, 흙 등 주변에서 구하기 쉬운 재료로 집을 지었답니다.

초가집과 더불어 조선시대의 대표적 가옥인 기와집은 더 발전된 특징이 있었어요. 볏짚으로 지붕을 올리지 않고 흙을 구워서 만든 기와로 지붕을 만들었답니다. 초가집은 볏짚이 썩기 쉬워서 매년 지붕을 새로 덮어야 하지만 기와집의 기와는 썩지 않아 오랫동안 지붕을 바꾸지 않아도 되었어요. 또한 불에 잘 타지 않는다는 것도 뛰어난 장점이었지요.

기와집에는 평민들보다 주로 양반들이 살았어요. 기와 값이 너무 비싸 쉽게 살 수 없었기 때문이에요. 초가집과 기와집은 신분에 따라 달리 가질 수밖에 없었답니다.

023
우리 조상들이 뒷간을 소중히 했던 이유가 있다고요?

옛날에는 화장실을 가리켜 '뒷간'이라고 했어요. 뒷간은 시대마다 그 모습이 달랐어요. 움집에서 살던 아주 오래전에는 개별 화장실이 없었답니다. 시간이 흐르면서 여럿이 함께 쓰는 공동 화장실이 만들어졌어요. 전북 익산 왕궁리의 백제 유적지에서 대형 화장실터 세 개가 나란히 발견되었는데, 가장 큰 곳의 길이가 11m나 되는 규모로 정화조 같은 기능도 갖추었던 대형 화장실이었어요. 집이 초가집, 기와집 등으로 발전하면서 화장실도 발전했어요. 집을 지을 때 사람들은 화장실도 함께 만들었는데 방과는 멀리 떨어지게 했어요.

농사를 짓고 살았던 우리 조상들에게 뒷간은 아주 큰 의미가 있었어요. 바로 곡식을 잘 자라게 해줄 거름이 만들어졌기 때문이죠. 물론 똥과 오줌을 그대로 거름으로 사용한 것은 아니었어요. 짚이나 톱밥, 쌀겨 등을 그 위에 뿌려 오랜 시간 함께 썩게 두었다가 시간이 지나 똥과 오줌 속의 나쁜 세균이 죽고 좋은 세균만 남으면 거름으로 사용했어요.

　이렇게 만들어진 거름은 농사지을 때 아주 좋은 양분이 되었어요. 거름을 사용한 덕에 곡식들이 맛있게 잘 자랄 수 있었지요. 제주도에서는 사람 똥을 사료로 주어 돼지를 키우기도 했어요. 돼지우리에 짚을 넣어 돼지가 그 안에서 돌아다니며 똥과 짚을 밟아 좋은 거름이 되게끔 했답니다.

　조상들이 귀하게 여긴 뒷간에는 특이한 그림도 붙어 있었어요. 바로 닭 그림인데, 그 이유는 당시 사람들은 닭이 귀신을 쫓는다고 믿었기 때문이에요. 닭이 새벽을 알리는 동물이기에 밤에 활동하는 귀신이 닭을 싫어할 거라 생각했던 거예요.

　우리 조상들은 뒷간을 더럽게만 여기지 않고 매우 소중하고 귀하게 다루었어요. 뒷간을 지혜롭게 이용하여 건강한 먹을거리를 만드는 데 이용했답니다.

024

명절은 왜 생겨난 것일까요?

우리는 매년 음력으로 정한 같은 시기의 날에 행사를 치르지요. 이렇게 반복되는 날을 가리켜 '세시'라고 하는데, 대표적인 것으로 추석, 설날, 단오 같은 명절이 있어요.

매년 음력 8월 15일인 추석 아침에는 그해 처음 추수한 햅쌀로 지은 밥으로 상을 차린 제사를 지내요. 그리고 가족과 친척들이 한자리에 모여 송편을 만들어 먹지요. 추석 전에는 조상의 무덤에 가서 여름 동안 무성히 자란 잡초를 베기도 해요. 이 벌초를 통해 조상의 묘 주위를 정리한답니다. 추석은 아주 오래전부터 한 해 동안 가꾼 곡식과 과일들을 거두고 감사하는 의미에서 생

나도 송편 먹고 싶다. 멍멍.

겨났어요. 삼국시대 때부터 베 짜기 대결을 하고 술과 음식을 장만해 함께 노래를 부르고 춤을 추며 놀았답니다. 추석은 농사를 주로 짓던 우리 민족에게 가장 풍족하고 즐거운 날이에요.

  또 하나의 큰 명절은 새해를 맞는 음력 1월 1일이에요. 정월초하루로 부르는 이날은 바로 '설날'이에요. 설날에는 한 해 동안 좋은 일이 가득하기를 바라는 마음으로 온 가족이 모여 차례와 세배, 윷놀이 등을 즐겨요. 아침에 차례를 지내고 어른들께 새해 인사를 올리지요. 이날은 남녀노소 구분 없이 모두 일찍 일어나 새 옷을 입는데, 이를 설빔이라고 해요.

  모든 것이 빠르게 변화하는 현대사회에서 명절을 맞아 고향집을 찾는 풍속같은 것들이 점차 낡은 풍속으로 평가되는 것이 사실이에요. 하지만 명절에 하는 모든 일이 없어져야만 하는 낡은 풍속이 아니라 우리가 가꾸고 지켜나가야 할 전통 문화이기도 하답니다.

025

동짓날에는 왜 팥죽을 먹을까요?

    우리 조상들은 계절에 따라 다양한 세시풍속을 즐겨 왔어요. 먼저, 음력 1월 15일은 '정월 대보름'으로 보름달을 보면서 쥐불놀이나 달집태우기로 마을의 안녕과 풍년을 기원했어요. 나쁜 기운이 물러가고 한 해 농사가 잘 이루어지도록 빌며 오곡밥을 먹고 부럼을 깨물기도 했지요.

    '한식'은 일 년 중 밤이 가장 긴 동지가 끝나고 105일째가 되는 날이에요. 양력 4월 5일 무렵으로, 불을 사용하지 않고 일부러 찬 음식을 먹는 풍속이 있었어요. 한식이라는 이름 자체가 찬 음식을 먹는 날로, 묵은 불을 없애고 새로운 불을 맞이할 준비를 하는 날이었지요. 여기에는 이 시기가 바람이 많이 불고 건조하니 불을 조심하라는 의미가 담겨 있어요.

    음력 5월 5일인 '단오'에는 부채를 만들어 서로 나누고, 그네뛰기, 씨름 등의 놀이를 했어요. 여자들은 창포물에 머리를 감기도 했는데, 이는 창포물이 나쁜 병균을 물리치는 효과가 있다고 믿었기 때문이에요. 초복, 중복, 말복으로 나뉘는 삼복은 여름철 가장 더운 시기로, 더위를 피해 시원한 계곡이나 산으로 놀러 가기도 했어요. 이때는 삼계탕이나 육개장 같은 영양이 풍부한 음식을 먹으면서 더위에 지친 체력을 보충했답니다.

일 년 중 밤이 가장 긴 날인 '동지'는 음력으로 11월 초중반쯤 찾아와요. 이때는 한 해를 마무리하고 새해를 맞을 준비를 했답니다. 나쁜 기운을 쫓는 의미로 붉은 팥죽을 만들어 먹기도 했어요. 이날은 사냥이나 고기잡이를 하지 않았는데, 생명이 다시 살아나는 날로서 신성한 하루로 여겨서랍니다.

하늘에서 결혼식을 올린다고요?

　결혼식은 예나 지금이나 매우 중요하게 치러지는 행사예요. 남자와 여자가 서로 부부가 되기를 서약하는 날로서 여러 사람에게 결혼 사실을 알리고 축복을 받는 자리이죠.

　옛날 조상들은 신랑이 말을 타고 신붓집으로 가서 혼례를 치렀어요. 신붓집에 도착한 신랑이 나무 기러기를 건네주면서 혼례가 시작되었지요. 나무 기러기를 주는 것은 오래도록 행복하게 함께 살자는 의미였다고 해요. 죽을 때까지 사랑을 지키는 새로 알려진 기러기를 통해 사랑을 맹세한 거예요.

　혼례가 본격적으로 시작되면 신랑과 신부는 마주 보고 서로 큰절을 올렸어요. 그리고 잔에 술을 부어 서로 부부가 되었음을 널리 알렸답니다.

　오늘날에도 이 전통혼례 방법의 결혼식이 열리기도 하지만 대부분은 결혼식장에서 많이 이루어지고 있어요. 멋진 턱시도를 입은 신랑, 예쁜 웨딩드레스를 입은 신부가 서로 결혼반지를 주고받고 주례와 하객들의 축복 속에 부부가 되었음을 알려요. 간혹 주례 없는 결혼식이 열리기도 하는데, 신랑과 신부가 서로 편지를 써주고 부모님이 축사를 하기도 해요. 또한 결혼식이 끝나고 신부가 시부모께 인사를 올리던 폐백을 오늘날에는 하지 않거나 양가 모두에게 드리는 경우도 많아졌답니다.

  오늘날에는 일반적인 결혼식 모습이 아닌, 야외 결혼식이나 높은 하늘 위에서 스카이다이빙을 하며 하는 결혼식, 절벽 위 결혼식 등 이색적인 결혼식 모습도 많이 나타나고 있어요. 일생에서 한 번뿐인 결혼식을 특색 있게 하고 싶은 사람들의 바람이 담겨 있다고 할 수 있지요. 결혼식 모습은 세월이 지남에 따라 많이 바뀌었지만 아무리 세월이 지나도 변치 않는 것은 바로 오랫동안 행복하기를 바라는 모두의 마음일 거예요.

027

아빠가 아닌 엄마의 성을 따를 수도 있다고요?

2008년 1월 1일부터 새로운 가족 제도가 실시되었어요. 그동안은 자식이라면 무조건 아버지 성을 따라야 했는데, 아버지가 아닌 어머니 성을 따를 수도 있게 제도가 바뀐 거예요. 물론 부부가 혼인 신고를 할 때 어머니의 성을 따르기로 결정한다는 조건으로 말이지요.

오늘날 가족의 형태와 규모는 점점 더 다양화되고 있어요. 과거에는 주로 삼대 이상이 함께 모여 사는 확대가족이 많았어요. 하지만 요즘에는 결혼하지 않은 자녀와 부모만 함께 사는 핵가족이 많아졌지요. 사회가 발전하고 여러 사회와의 교류가 빈번해지면서 가족의 모습은 더 다양해지고 있어요.

결혼하지 않고 독립해서 혼자 사는 독신 가정, 아이를 낳지 않고 부부만 함께 살거나 자녀가

모두 독립해 노부부만 함께 사는 가정, 한부모가 자녀를 키우는 한부모 가정, 재혼으로 결합한 재혼 가정, 국제결혼을 통한 다문화 가정 등 다양한 가정의 모습들도 생겨났답니다.

확대가족이 많던 과거와 달리 오늘날에는 왜 핵가족이 많을까요? 그 이유는 사회의 변화에서 찾을 수 있답니다. 사람들 대부분이 함께 농사를 짓던 과거와 달리, 산업이 발달하면서 새로운 일자리가 많은 도시를 찾아 사람들이 이사하기 시작했어요. 또한 자녀의 교육을 위해 교육시설이 많은 도시로 가거나 장사를 하려고 사람들이 많은 도시로 가는 등 사람들이 농촌을 떠나면서 자연스럽게 가족의 규모도 작아졌지요. 삼대가 함께 살아가는 확대가족 문화에서 점차 작은 규모의 핵가족 문화로 가족 문화가 변화한 거예요.

가족의 모습과 규모가 다양해지면서 우리 사회의 모습 또한 많이 다채로워졌어요. 그만큼 우리 사회의 색깔이 풍부해졌다고 할 수 있겠죠?

028

미래에는 로봇도 가족이 될까요?

 옛날에는 청소나 바느질, 빨래 같은 집안일은 주로 여자가 하고 농사일이나 바깥일은 주로 남자가 했어요. 아이를 키우는 육아 역시 여자인 어머니가 도맡아 할 때가 많았지요. 가족 구성원의 역할이 비교적 엄격하게 구분되어 있었답니다.

 하지만 오늘날에는 가족 구성원의 역할이 명확히 정해져 있지 않아요. 단순히 남자와 여자의 성별에 따른 역할 구분이 없어진 것뿐만 아니라 남녀가 평등하다는 생각으로 부모와 자녀 모두가 함께 집안일을 하게 된 것이죠. 집안의 중요한 일을 결정할 때에도 옛날에는 주로 아버지가 결정을 내리는 가부장적인 분위기였다면, 이제는 부모와 자녀가 함께 의논하여 결정하는 모습이 많아졌답니다.

 가족은 우리가 살아가는 데 항상 힘이 되어주기에 삶에서 가장 큰 버팀목이 되지요. 오늘날에는 이런 가족의 범위가 꽤 다양해졌어요. 이제는 개나 고양이 등 반려동물까지 가족 구성

원의 하나로 인정되는 경우가 많아요.

  미래에는 반려동물을 넘어, 로봇도 가족이 될 수 있다고 해요. 로봇 산업은 이미 많은 나라에서 미래 산업으로 주목하고 있어요. 혼자 사는 가정, 노인 가정이 많아지면서 함께 대화하고 정을 나누는 가족으로서 로봇이 함께 할 수 있도록 개발되고 있답니다.

  반려로봇은 청소와 식사 준비처럼 집안일을 돕거나 함께 책을 읽고 노래를 불러주는 등 가족 구성원의 역할을 수행할 수 있어요. 또한 사람의 감정을 함께 느끼며 기쁨과 슬픔 등에 공감하며 대화할 수도 있고요. 어쩌면 앞으로 가까운 미래에는 우리 곁에 반려로봇이 더 많을지도 모르겠네요.

029
만나고 싶어도 못 만나는 가족이 있다고요?

지구촌 시대에 걸맞게 국제결혼을 통해 맺어진 다문화 가족의 수는 점차 늘어나고 있어요. 피부색이나 사용하는 말이 조금 다를 수 있지만 함께 어울려 살아가는 이웃이라는 점에서 우리 사회의 어엿한 일부이지요.

다문화 가족 이외에도 우리 사회에는 다양한 형태의 가족들이 있어요. 확대가족, 입양가족, 핵가족, 한부모가족, 조손가족 등 참 다양한 가족들이 있지요. 하지만 모두 사랑으로 맺어진 가족이라는 공통점을 갖고 있어요.

그런데 서로 만나고 싶어도 만나지 못하는 가족도 있다고 해요. 바로 '이산가족'이에요. 광복 후 6·25 전쟁을 치르면서 남과 북을 오갈 수가 없게 되어 생이별하게 된 가족들이지요.

전쟁이 한참 계속되고 있을 때
 피난을 가다 가족이 이별한 경우, 고향에 가족들을 남기고 다른 곳에 있다가 전쟁이 터지면서 이별한 경우, 며칠만 있다가 돌아오겠다고 고향을 떠났다가 다시는 돌아가지 못한 경우 등 수많은 이유로 가족과 멀어지게 된 사람들이랍니다.
 가족은 당연히 함께 살아야 하는 존재인데, 이 당연한 것이 이루어지지 않아 마음이 참 슬플 거예요. 이산가족의 경우에는 함께 살 수 없을 뿐만 아니라 만나는 것 자체가 어렵기에 슬픔이 더욱 크답니다.
 이를 돕기 위해 정부와 여러 단체가 노력하여 이산가족의 만남을 추진하고 있어요. 전쟁으로 인해 생긴 이산가족의 상처를 보듬어 주기 위한 '이산가족의 만남'의 행사를 통하여 서로 만날 수 있게끔 돕고 있답니다. 우리나라가 하루빨리 통일이 된다면 이런 '이산가족의 만남'의 행사는 더 이상 필요 없게 될 거예요.

제2장
우리 지역의 어제와 오늘은 어떻게 달라졌을까요?

030

내가 그린 그림도 공식 지도가 될 수 있을까요?

"목적지에 도착하였습니다. 안내를 종료합니다."

목적지에 도착하면 길을 안내해주는 내비게이션을 통해 들리는 말이에요. 우리가 흔히 이용하는 내비게이션은 여러 지도 중 하나예요. 놀이공원에 갔을 때 보는 공원안내지도나 경주나 제주도 같은 유명한 관광지에서 볼 수 있는 관광안내도 또한 흔히 볼 수 있는 지도 중 하나지요.

이러한 지도들에는 하나의 공통점이 있어요. 바로 위에서 내려다본 땅의 실제 모습을 일정하게 줄여서 나타냈다는 점이에

산은 이렇게 표시하기로 약속해.

요. 만약 이 세상 모든 지도가 위에서 아래를 향해 내려다보지 않고, 정면을 향해 바라본 것처럼만 되어 있다면 우리는 원하는 목적지에 쉽게 갈 수 없을 거예요. 넓은 지역에 걸친 많은 정보를 두루 살필 수 없을 테니 말이에요.

그렇다면 내가 마을 뒷산에 올라가 위에서 내려다본 우리 마을 모습을 줄여서 그림으로 그린다면, 그것도 지도로 인정받을 수 있을까요? 아쉽게도 아니에요. 내가 그린 그림이 '누구나 사용할 수 있는 지도'가 되려면 단순히 위에서 내려다본 것을 넘어서서 더 필요한 게 있답니다.

바로 모든 사람이 쉽게 이해할 수 있도록 정해진 약속에 따라 그려야 한다는 점이에요. 필요에 따라 지도가 실제의 거리를 얼마나 줄인 것인지를 나타내고, 건물이나 산, 하천 등을 나타내는 기호와 산의 높낮이나 동서남북의 방향 등을 정확히 표현해야 하지요.

친구들도 백지도를 이용하여 내가 살고 있는 우리 마을을 지도로 한 번 그려보세요. 우리 주변 여러 곳을 세세히 살펴서 멋지게 지도로 표현해보는 것도 재미있지 않을까요?

031
옛날 사람들은 지도를 어떻게 만들었을까요?

처음 가는 곳의 지리를 모를 때는 지도가 아주 유용하게 사용되지요. 그런데 옛날에도 지도를 사용했을까요?

지도는 예나 지금이나 인간의 삶과 매우 밀접하다고 할 수 있어요. 문자가 발명되기 전부터 사람들은 지도를 만들어 사용했을 거라고 많은 학자가 짐작하고 있답니다. 종이는 없었지만 돌이나 조개 따위로 자기가 사는 곳을 그렸을 거라 추측하고 있어요.

주로 사냥이나 채집 등을 하면서 먹을 것을 구했던 시절, 사는 곳에서 멀리 떨어진 곳까지 나가 사냥이나 수렵채집 활동을 하기도 했는데, 돌아올 때 길을 잃지 않으려면 뭔가 표시가 필요했어요. 또한 먹을거리가 많은 곳, 중간에 식량을 저장한 곳들도 표시해야 했지요. 그래서 땅, 돌, 나무 등 주변에 있는

것들에 그 모습을 그리기 시작했어요. 나무줄기에 조개껍데기를 붙이거나 동물의 가죽에 나뭇조각을 붙여 위치를 표시하기도 했지요. 이것이 지도의 시초라고 말할 수 있답니다. 그런데 문제가 있었어요. 이렇게 만든 지도는 시간이 지나면 지워지거나 없어지고, 또 무거워서 갖고 다니기도 불편했던 거예요.

현재까지 알려진 바로는 기원전 약 1300년경 파피루스에 그린 이집트의 금광지도가 가장 오래된 지도라고 해요. 하지만 오늘날까지 보존된 지도로는 기원전 700년경의 고대 바빌로니아 지방의 점토판 지도가 가장 오래된 지도예요. 점토판 지도는 어떻게 오래 남을 수 있었을까요?

점토판 지도는 진흙으로 만든 점토판에 나뭇가지로 지도를 그린 후 햇볕에 말려서 단단하게 굳혔기에 나무나 땅 위에 그린 지도들보다 더 오래 남을 수 있었어요. 나무나 돌, 땅 위에 그린 지도 등이 불편하다는 것을 알고, 이를 보완하기 위해 이 점토판 지도를 발명했던 것이랍니다.

032

오른쪽은 항상 동쪽을 가리키는 것일까요?

친구와 서로 마주보고 서 있는 상태에서 누군가가 '오른쪽'으로 고개를 돌려보라고 한다면 어떻게 될까요? 친구와 서로 다른 쪽을 바라보고 있을 거예요. 분명 같은 오른쪽인데 말이죠. 왜 그럴까요? 왜냐하면 나의 오른쪽 기준과 마주보고 있는 친구의 오른쪽 기준이 서로 다르기 때문이에요.

모두가 같은 방향을 바라보고 서 있지 않는 한, 왼쪽과 오른쪽의 기준은 다를 수밖에 없지요. 그런데 지도에서는 어떨까요? 보는 사람의 방향에 따라 위치가 바뀌어도 괜찮을까요? 지도는 어느 누가 보더라도 정확한 위치를 나타내야 하기 때문에 보는 사람에 따라 위치가 달라지면 안 돼요. 따라서 지도에서는 '방위표'라는 것을 이용해서 위치를 나타낸답니다.

'방위'는 방향의 위치를 말하는데, 일반적으로 동서남북이 있어요. 방위표를 이용하면 건물이나 사람이 향한 방향과 관계없이 위치를 나타낼 수 있지요. 해가 떠오르기 시작하는 동쪽

과 해가 저물어가는 서쪽 그리고 남쪽, 북쪽은 모두 변함없기 때문이에요. 지도에 방위표가 없을 때는 방위표가 생략되어 있는 경우로, 오른쪽이 동쪽, 왼쪽이 서쪽, 아래쪽이 남쪽, 위쪽이 북쪽이라고 생각하면 쉬워요.

일상생활 속에서도 방위는 많이 쓰여요. 그런데 방위를 나타낼 때 보통 많이 쓰는 '동서남북(東西南北)'이 유일한 표현은 아니랍니다. 예를 들어 태평양에 있는 섬 하와이에서는 산과 바다를 기준으로 산 쪽, 바다 쪽으로 방위를 정한다고 해요. 또한 고대 이집트 사람들은 강 위쪽과 아래쪽을 상류와 하류로 정해 방위를 사용했어요.

하지만 오늘날 대부분의 지도에서는 동서남북의 방위가 표준적으로 쓰여요. 전 세계 어디를 가도 지도를 편히 사용할 수 있게 기준을 통일한 것이랍니다.

033

지도 속에서 비행기가 날아다닌다고요?

사람들은 지도 속에서 원하는 정보를 신속하고 명확하게 알아볼 수 있도록 공통된 기호를 사용하자고 약속하였어요. 그래서 산, 들, 건물 등의 정보를 알아보기 쉽게 기호로 만들었지요.

지도 속에 들어갈 수 있는 기호의 종류와 수는 굉장히 많아요. 사람들이 살아가는 환경 속 정보는 다양하기 때문에, 모든 기호를 외워서 지도를 읽기는 실제로 어려워요. 그래서 지도 한쪽에 그 지도에 쓰인 기호들을 뜻과 함께 나타내고 있어요. 이것을 우리는 범례라고 불러요. 이 범례를 통해 처음 보는 지도라도 지도 속에 무슨 정보가 있는지 쉽고 정확하게 살펴볼 수 있답니다.

건물의 정보를 나타내는 기호의 경우, 세계 여러 나라마다 조금씩 달라요. 우

지도에서 나 찾아봐라.

리나라 안에서는 전국이 동일한 기호를 사용하는데, 기호의 색이나 크기, 선의 굵기 등이 지도의 비율에 따라 달라지기도 해요.

 기호는 모양을 본떠 만든 것과 사람들이 처음부터 약속으로 만든 것 두 가지 종류가 있어요. 예를 들어 논에 모를 심어 놓은 모습을 본떠 만든 논의 기호(⊥)가 있는 반면, 학교(⊥)나 우체국(⊠)처럼 사람들이 약속으로 정해 만든 기호도 있답니다.

 사람들이 비행기를 타기 위해 이용하는 공항의 기호는 어떻게 생겼을까요? 간혹 지도를 보다 보면 비행기가 날아다니는 듯한 모습이 지도 속에 나타나 있을 때가 있어요. 이것은 사람들이 이용하는 공항을 나타내기 위해 사용하는 기호예요. 비행기의 모습을 이용하여 공항의 정보를 나타낸 것이랍니다.

034

왜 지도마다 표시된 크기가 다를까요?

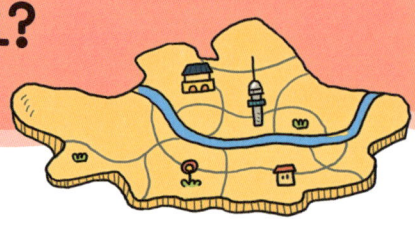

우리가 사는 한반도를 실제 크기 그대로 그린다면 8절지 종이가 몇 장이나 필요할까요? 아마 너무 많은 종이가 필요할 거예요. 그렇다면 우리나라 지도를 그리기 위해서는 어떤 방법을 써야 할까요? 실제 크기 그대로 그리는 것이 아닌, 크기의 정도를 줄여서 그려야 할 거예요.

보통 지도는 땅의 실제 모습을 줄여서 나타내는데 이 줄인 정도를 '축척'이라고 부른답니다. 축척에 따라 지도의 자세한 정도는 달라져요. 실제 거리를 적게 줄인 지도는 특정 지역을 상대적으로 자세하게 나타내고, 많이 줄인 지도는 그 지역을 덜 자세하게 나타내지요.

그럼 실제 거리를 적게 줄인 지도가 무조건 좋은 것일까요? 당연히 아니에요. 적게 줄이거나 많이 줄이거나 모두 장단점이 있고 그에 따라 지도가 사용되는 경우가 달라진답니다.

예를 들어 내가 살고 있는 고장의 실제 거리 500m를 1cm

의 길이로 나타낸 지도는 좁은 지역을 자세하게 보여주어요. 대신 넓은 지역을 보여주지는 못해요. 반면, 실제 거리 2km를 1cm로 나타낸 지도는 주변 지역까지 포함한 넓은 지역을 전체적으로 살필 수 있게 해주어요. 대신 상대적으로 많이 줄였기 때문에 그 지역의 모습을 대략적으로만 보여주지요.

 줄인 정도가 다른 이 두 가지 지도는 그 고장 전체의 크기를 다르게 나타내어요. 예컨대 서울특별시 서초구 지역의 경우, 실제 거리를 조금 줄인 지도는 그 크기가 상대적으로 큰 반면, 많이 줄인 지도는 크기가 작아질 수 있어요. 실제 거리를 줄인 정도에 따라 그 고장의 지도 전체 크기가 달라지는 것이죠.

 이처럼 동일한 지역을 확대하고 축소하여 보이는 차이가 바로 '축척'의 차이가 된답니다.

035
지도에 나타난 알록달록한 표시는 무엇일까요?

지도를 살피다 보면 알록달록한 색깔, 그리고 구불구불한 선이 그려져 있는 것을 발견할 수 있어요. 과연 무슨 표시일까요?

우리가 사는 이 땅에는 높은 산도 있고 계곡도 있으며 낮고 평평한 곳도 있어요. 땅의 높낮이는 곳곳마다 서로 다른데, 이런 땅의 높낮이를 나타내기 위해서 지도에서는 하나의 색깔이 아닌 다양한 색깔을 이용해요. 높이가 높을수록 짙은 색을 사용하고 높이가 낮을수록 연한 색을 사용한답니다.

색깔과 함께 높낮이를 나타내기 위해 사용하는 것이 구불구불한 선이에요. 이 선은 '등고선'으로 한자 뜻을 그대로 풀이하면, 높낮이가 같은 곳들을 연결한 선을 뜻해요. 즉 높이가 같은 곳들을 선으로 이어 놓은 것인데, 그 선을 따라 가보면 높이를 가늠해볼 수 있어요. 선 옆에는 높이를 뜻하는 숫자가 함께 쓰여 있어요. 예를 들어 200이라고 적혀 있으면 '해발고도 200m'라고 읽는답니다. 등고선은 촘촘히 그려 있을 때도 있고, 띄엄띄엄 그려 있을 때도 있어요. 간격이 좁좁한 것은 높낮이 변화가 심할 때고, 널찍하게 그려진 것은 높낮이 변화가 완만한 곳이지요.

땅의 높이를 말하는 '해발'이라고 표현은 바닷물의 겉 부분인 해수면에서부터의 높이를 뜻해요. 해발 200m란, 바닷물의 겉 표면에서 200m 위를 가리켜요.

우리나라는 인천 앞바다의 밀물 때와 썰물 때의 바닷물 높이 평균을 구하여 그것으로부터 땅의 높이를 재요. 그런데 매번 바다에서 해수면의 높이를 재기는 어렵기 때문에 인천에 있는 인하공업전문대학 안에 '대한민국 수준 원점'이라는 것을 표시하여 설치했어요. 대한민국 수준 원점은 해발 약 27m의 높이로 우리나라 국토의 높이를 재는 기준이 되고 있답니다.

꺄~ 정상이다!

036

스마트폰으로 세계 여행을 할 수 있다고요?

그동안 세계 여러 나라의 도시 모습을 보려면 직접 가서 보거나 적합한 사진 혹은 영상을 찾아야 했어요. 하지만 오늘날에는 스마트폰을 이용해 아주 쉽게 그 도시의 모습을 살필 수 있답니다.

스마트폰으로 지도 응용 프로그램에 접속하면 위성사진을 이용해 가려는 도시의 실제 모습을 볼 수 있어요. 예를 들어 미국 뉴욕에 있는 자유의 여신상을 보고 싶다면, 지도 응용 프로그램에서 '자유의 여신상'을 검색하여 그 모습을 가까이서 볼 수 있답니다. 주변 모습까지 생

집에서 보는 게 복잡하지도 않고 더 자세하게 볼 수 있는걸?

생하게 볼 수 있어 마치 그곳에 있는 것 같은 기분을 누릴 수 있지요.

 가고 싶은 지역을 보다 넓게 살피고 싶다면 스마트폰 지도 응용 프로그램의 항공 뷰 기능을 활용할 수 있어요. 항공 뷰 기능은 그 지역의 모습을 마치 하늘에서 보는 것처럼 내려다볼 수 있는 기능이에요. 마치 새가 되어 땅을 내려다보듯이 곳곳의 모습을 생생히 바라볼 수 있는 기능이지요.

 스마트폰을 통해 지도를 활용하는 예는 무척 많아요. 인터넷 지도 서비스를 이용하는 것 외에도 관광안내도를 찾아보며 관광지에서의 코스를 짜는 일, 지하철노선도를 보며 어떤 노선의 지하철을 타야할지 결정하는 것 등 우리 생활에서 자주 사용되고 있죠.

 더 나아가 컴퓨터를 이용하면 지구 밖 화성의 표면도 살필 수 있어요. 지구와 멀리 떨어진 화성의 산, 협곡 등의 모습을 사진으로 만날 수 있지요. 이뿐만이 아니에요. 가상현실(VR) 기술을 이용하여 슈퍼맨처럼 도시 위를 날거나 높은 산꼭대기 위에 서서 아래를 내려다보거나, 우주로 신나게 날아가 보는 것 등 가상현실을 재미있게 체험해볼 수도 있답니다.

037

우리나라에서 가장 오래된 지도는 무엇일까요?

우리 조상들은 삼국시대 이전부터 지도를 만들고 활용했는데 안타깝게도 그 지도들 대부분은 지금 남아 있지 않아요. 지금까지 전해지는 지도 중 가장 오래된 것은 1402년에 만들어진 '혼일강리역대국도지도'예요.

이 지도는 조선 태종 2년에 좌정승 김사형, 우정승 이무와 의정부 검상인 이회가 만든 세계지도예요. 지도에 나타나 있는 우리나라와 중국 모양이 오늘날과 비교해도 손색이 없을 만큼 아주 정확하게 그려져 있어요. 이러한 점으로 인해 당시 만들어졌던 세계지도 중 가장 훌륭한 지도로 손꼽히고 있지요. 우리나라는 물론이고, 중국, 유럽, 아프리카 등 약 140여 개 나라가 그려져 있어 놀라움을 주고 있어요.

지도를 살펴보면, 중국이 가장 크게 그려져 있고 우리나라는 그다음으로 크게 그려져 있어요. 아프리카 대륙보다 더 크게 그려져 있는데, 이는 당시 우리 조상들이 우리나라에 큰 자부

심을 느끼고 있었다는 것을 엿볼 수 있는 부분이에요.

이후 지도 제작 기술은 더욱 발전했어요. 조선 후기에는 서양에서 많은 지식이 들어와, 어떤 특별한 지역이 세계의 중심이 아니라는 걸 알게 되었지요. 이후부터는 우리나라의 전국 지도가 많이 만들어졌어요. 그중 정상기의 '동국지도', 김정호의 '대동여지도'가 가장 대표적인 지도예요.

1750년에 만들어진 '동국지도'는 우리나라 최초로 '축척'을 사용한 지도예요. 여러 지도의 모범으로 많이 활용되었던 지도이지요. 그리고 우리나라를 매우 정확하게 나타내 우리나라 지도 중 백미로 꼽히는 '대동여지도'는 실용적인 면과 예술적인 면을 모두 갖춘 지도예요. 전체 크기는 가로 약 4m, 세로 약 7m의 큰 크기지만 이를 작은 책 22개로 나누어 접어 편리하게 갖고 다닐 수 있도록 만들어진 지도랍니다.

대동여지도로는 맛집을 못 찾아가겠는데….

038

터미널 주변에는 왜 가게들이 많을까요?

여기도 가게 있어요. 이쪽으로 오세요~!

우리가 사는 동네에서 사람들이 많이 모이는 곳은 어디일까요? 먼저, 아파트를 살펴보면 보통 아파트 단지에 있는 상가에 사람들이 많이 모여요. 이곳에서 쉽게 물건을 사거나 병원, 학원 등의 서비스를 받을 수 있기 때문이지요.

마을 주민의 경우에도 가까운 상가에서 자주 모습을 볼 수 있어요. 이렇게 사람들이 자주 모이는 곳을 마을의 중심지라고 해요. 이런 중심지는 따로 떨어져 있는 것이 아니라 그곳에 자주 모이는 사람들이 사는 주변 지역과 함께 묶여 있답니다. 그리고 범위를 넓힐수록 중심지의 규모는 더 커지지요.

우리가 사는 고장으로 시야를 넓혀 보면, 사람들이 주로 많이 모이는 곳은 몇 가지 종류로 구분할 수 있어요. 먼저 시장이나 백화점, 대형마트처럼 생활에 필요한 것들을 구입할 수 있는 곳은 언제나 사람들로 붐빌 정도로 고장 사람들이 많이 찾는 곳이에요. 시청이나 군청 등 공공기관이 있는 곳들도 사

람들이 많이 모여요. 생활에 필요한 서류를 떼거나 제출하는 등 여러 업무를 볼 수 있기 때문이죠. 여가를 즐기기 위해서 찾는 영화관이나 공원 등도 고장 사람들이 자주 모이는 곳이라고 할 수 있어요.

이밖에도 교통을 이용하기 위해 사람들이 모이는 곳도 있어요. 대중교통을 이용해 다른 고장으로 이동하고 싶을 때는 기차역이나 버스터미널을 찾아요. 정해진 지역에서만 멈추는 기차나 시외버스 그리고 고속버스 등을 이용하기 위해서예요. 이런 기차역이나 터미널에 가 보면 다른 곳보다 가게들이 많아요. 그 까닭은 터미널이나 기차역을 오고 가는 사람들이 많기 때문이에요. 그래서 많은 사람이 편리하게 이용할 수 있도록 물건을 파는 가게나 서비스를 제공하는 곳들이 밀집해서 모여 있답니다.

039
세계문화유산이 가장 많은 나라는 어디일까요?

 세계문화유산이란 인류가 관심을 갖고 보호하고 지켜나가야 할 가치가 있는 문화재를 말해요. 유네스코(UNESCO)라는 국제기구에서 지정하고 보호하고 있답니다. 그동안 세월이 흐르면서 후손들에게 물려주어야 할 문화유산이 파괴되거나 사라지는 경우가 많았어요. 이를 방지하려고 세계의 여러 나라가 모여 만든 국제연합 전문기구가 유네스코예요.

 유네스코는 세계 여러 나라의 교육, 과학, 문화의 보급과 교류를 목적으로 만들어진 곳이에요. 그 가운데 가장 대표적인 일이 바로 인류가 보존해야 할 세계문화유산의 지정과 보호이지요. 유네스코에서 선정한 세계문화유산들은 세계 여러 나라에 걸쳐 많이 있어요. 각 나라마다 보유하고 있는 세계문화유산의 숫자들도 모두 다른데, 가장 많은 문화유산을 보유한 나라는 50개가 넘는다고 해요.

 세계문화유산을 많이 가진 나라는 대부분 과거에 찬란한 문화를 꽃피웠던 나라들로 이란, 러시아, 우리나라, 스페인, 멕시코, 중국, 이탈리아 등이에요. 세계에서 가장 많은 문화유산을 가진 나라는 2018년을 기준, 이탈리아로서 피사의 사탑, 콜로세움, 폼페이 유적 등 54개의 세계문화유산을 보유하고 있어요. 두 번째는 만리장성, 진시황릉 등 53개의 세계문화유산을 보유하고 있는 중국이에요.

우리나라는 2019년 7월 6일에 열렸던 제43차 세계유산위원회에서 '한국의 서원'이 세계문화유산에 등재되면서 총 14개가 되었답니다. 경주 불국사, 훈민정음해례본, 남한산성, 강강술래, 해인사 대장경판 등 값으로 매길 수 없는 다양한 유형 문화유산과 무형 문화유산들이 있지요. 모두 인류가 보존해야 할 훌륭한 가치를 갖고 있는 문화유산이랍니다.

040

왜 국보 제1호는 숭례문일까요?

 오랜 세월을 거친 수많은 문화재 가운데 가치가 대단한 것들은 '국보'와 '보물'로 지정해 국가에서 특별히 관리하고 있어요. 이를 위해 국가에서는 문화재위원회를 두고 국보와 보물을 심사해서 지정하고 있답니다. 보물은 역사적·학술·예술적·기술적으로 가치가 높은 유형문화재를 말하고, 국보는 그보다 한 단계 위인 말 그대로 시대를 대표하는 '보물 중의 보물'을 뜻해요.

 우리나라 국보 제1호는 '숭례문'이에요. 그런데 처음부터 국보는 아니었다고 해요. 국보지정 제도는 일제강점기에 일제에 의해 처음 실시되었는데, 당

시 일제는 여러 우리 문화재를 보물로만 지정했어요. 지금의 숭례문을 보물 1호, 흥인지문(동대문)을 보물 2호로 지정했답니다. 당시는 일본 문화재만 국보로 지정되었기에 우리 문화재는 '국보'가 아닌 '보물'로 지정될 수밖에 없었던 거예요. 그러다 독립 후 1955년에 우리 정부는 일제가 지정했던 보물들 중 북한에 있는 것은 빼고 모두 국보로 승격시켰다가, 1962년 문화재보호법을 만들어 국보와 보물을 구분하기 시작했어요.

 일제가 붙였던 보물 '1호'라는 번호는 어떤 의미였을까요? 사실 일제는 중요도가 아니라 그들이 관리하기 편리한 목적으로 번호를 붙였다고 해요.

 그럼 오늘날 국보와 보물로 나누어지는 차이는 무엇일까요? 먼저, 제작된 때를 예로 들어보면 국보 1호인 숭례문은 1398년으로, 보물 1호인 흥인지문의 1869년보다 더 오래되었어요. 그리고 건축 기법을 보면, 숭례문은 흥인지문과 달리 고려시대에서 조선시대로 넘어가는 목조 건축의 변화 모습을 볼 수 있어 더 높은 가치가 있어요. 또한 절제미와 균형미를 잘 보여주는 문화재이기도 하지요. 물론 보물도 소중한 가치를 지니고 있지만, 이러한 차이들이 국보와 보물을 나누는 기준이 되었답니다.

041

아직도 되찾지 못한 우리 문화재가 많이 있다고요?

우리나라 문화재를 관리하는 곳인 문화재청 산하의 국외소재문화재재단에 따르면 아직 해외에서 돌아오지 못한 우리 문화재의 수가 21개 나라에 걸쳐 약 18만 점에 이른다고 해요. 왜 이렇게 우리 문화재들이 다른 나라에 많이 있을까요?

우리 문화재가 해외로 나간 데는 여러 이유가 있어요. 기증이나 경매 등 합법적인 이유도 있지만, 불법적인 이유로 빠져나간 경우가 대부분이에요. 특히 일제강점기 동안 이루어진 도굴, 도난 등이 많은 비중을 차지하지요. 이로 인해 2019년 기준 일본에 있는 우리 문화재는 무려 약 7만여 점이나 된다고 해요.

일본에 넘어간 문화재 가운데 '조선 왕실 의궤'는 정부와 여러 단체가 일본 정부에 끊임없이 돌려줄 것을 요청해왔어요. 그러다 2010년 8월, 당시 일본 총리가 한일 강제 병합 100주년을 사과하는 의미로 돌려주겠다는 뜻을 밝혀 2011년 약

1,200권의 도서와 함께 우리나라로 돌아올 수 있었어요.

하지만 여전히 돌아오지 못한 문화재가 너무나 많답니다. 유네스코가 문화재 반환에 관한 여러 협약을 만들었지만 아직 잘 지켜지지 않고 있으며, 어떤 협약들은 1970년 이후에만 적용되는 것도 있기 때문이에요. 우리나라는 이에 다른 나라에 있는 우리 문화재의 수와 종류를 파악하고 부당하게 빼앗긴 문화재들을 되찾기 위한 목적으로 2012년 국외소재문화재재단을 만들었어요. 다행히 많은 사람의 노력으로 매년 많은 수의 문화재가 돌아오고 있답니다.

하지만 아직 우리 품으로 돌아오지 못한 문화재는 여전히 많아요. 우리 문화재들을 되찾을 수 있는 가장 확실하고 빠른 길은 우리가 꾸준히 관심을 갖고 되찾도록 노력하는 것이랍니다.

042 우리나라 화폐 속 인물들은 어떤 지역 출신일까요?

　백 원짜리 동전에서부터 오만 원짜리 지폐까지 '화폐'에는 우리나라를 빛낸 여러 인물이 그려져 있어요. 가장 먼저 백 원짜리 동전에는 임진왜란의 영웅 이순신 장군이 그려져 있어요. 1545년 서울 건천동에서 태어난 이순신 장군은 임진왜란 당시 영의정이었던 유성룡과 같은 마을에서 자랐어요. 어린 시절을 외가가 있는 충청남도 아산에서 보낸 적도 있지요. 이순신은 성장하여 무과에 급제하였고, 나중에는 삼도수군통제사 자리까지 올랐답니다.
　천 원권 지폐에 그려진 퇴계 이황은 1501년 경상북도 안동에서 태어났어요. 당시는 성리학이 발달한 시기로, 이황은 스스로 수양하고 세상을 다스린다는 '수기치인'의 자세로 평생을 산 인물이에요. 성리학의 대가라는 점에서 우리나라 천 원권 지폐의 모델이 되었죠. 오천 원권 지폐 속 인물인 율곡 이이는 강원도 강릉에서 태어나 어려서부터 신동으로 불렸어요.

세 살 때 글을 깨우쳤던 그는 장원급제를 아홉 번이나 했던 석학이지요. 퇴계 이황과 더불어 조선의 성리학을 크게 발전시켰어요.

만 원권 지폐에는 세종대왕이 그려져 있어요. 1397년 태어난 세종대왕은 우리나라 사람들이 가장 사랑하고 존경하는 위인 중 한 명으로, 서울에서 태어나 자라났답니다. 역사상 보기 드문 명군으로 문자, 역사, 지리, 정치, 경제, 음악 등 일상생활에 필요한 모든 기술과 지식을 발전시키려 노력했어요.

오만 원권 지폐 속 인물인 신사임당은 율곡 이이의 어머니로 강원도 강릉에서 태어나 자랐어요. 지폐에 등장한 최초의 여성으로서 다방면에서 현모양처 이상의 훌륭한 모습을 보여주었다고 해요.

043
문화유산에 전해지는 옛이야기는 무엇이 있을까요?

다양한 지역 문화유산들에는 그에 담긴 옛이야기도 함께 전해져 내려오고 있어요. 그중 하나의 예로 다음과 같은 이야기가 있어요. 충청남도 당진시 송악읍에 전해 내려오는 '기지시 줄다리기'라는 문화재에 담긴 재미난 옛이야기예요.

옛날 충청남도 당진의 어느 한 마을에 선비 한 명이 살고 있었어요. 그 선비는 주변에 총명하다고 소문이 날 정도로 영특했는데, 과거시험만 보면 번번이 떨어지고 말았어요. 올해도 과거시험에서 떨어진 선비는 울적해진 마음을 달래기 위해 마을 뒷산에 올라갔지요. 그곳에서 깜빡 잠이 든 선비의 꿈에 한 노인이 나타났어요.

"마을에 재난이 계속 일어나고 자네가 과거시험에서 계속 떨

어지는 것은 천 년 묵은 지네가 심술을 부려서네. 대보름날 밤 열두 시에 죽은 나무에서 꽃이 피고, 그 속에서 아름다운 아가씨가 나올 걸세. 그 아가씨가 나오면, 그 꽃에 불을 질러 꽃을 아가씨의 입에 넣고 피하시게."

혹시나 하는 마음에 대보름날 밤이 되자, 선비는 산에 올라갔어요. 그랬더니 정말 노인의 말처럼 꽃에서 아가씨가 나왔어요. 선비는 꿈속에서 노인이 시킨 대로 했지요. 그랬더니 어느 순간 눈앞에 큰 구렁이와 천 년 묵은 지네가 싸우고 있었어요. 구렁이가 지네를 무찌르자 선비는 무척 기뻤지요. 그날 밤, 선비의 꿈에 노인이 다시 나타나 이렇게 말했어요.

"그 지네는 죽었지만 암컷과 그 새끼들이 원수를 갚으려 할 것이네. 이를 막으려면 지네 모양으로 밧줄을 만들어 줄다리기를 해야 한다네."

꿈에서 깬 선비는 노인이 시킨 대로 지네 모양으로 줄을 만들어 마을 사람들과 함께 줄다리기를 했어요. 그러자 마을에 평화가 찾아왔고, 선비도 마침내 과거시험에 합격했다고 해요.

영차! 영차! 조금만 더!

044

옛날에도 지금처럼 소방서가 있었을까요?

나도 도울게, 멍멍.

　소방서는 우리가 생활하는 데 없어서는 안 되는 아주 중요한 기관이에요. 불이 나지 않도록 미리 예방하는 일과 불이 났을 때 이를 진압하는 일, 그리고 긴급한 상황에서 사람들을 돕는 구급업무까지 여러 일을 맡고 있지요.

　화재는 매우 다양하게 일어나고 있어요. 그 가운데 산불의 경우는 2013년부터 2018년까지 약 8,000건이 넘게 발생했어요. 만약 소방서가 없었다면 이런 화재는 걷잡을 수 없이 크게 번졌을 거예요.

　살고 있는 집을 포함한 건물에서 일어나는 화재는 우리의 목숨을 직접적으로 위협하지요. 건물 화재는 소방서의 긴급한 출동이 없다면 목숨을 잃을 정도로 아주 위험한 상황이 될 수도 있답니다.

　오늘날과 달리 주로 나무로 집을 지었던 옛날에는 눈 깜짝할 사이에 큰불로 번질 때가 많았어요. 조선시대의 부녀자들은 부뚜막에 불을 다스리는 조왕신이 있다고 믿어 아궁이에 불을 땔 때엔 나쁜 말과 나쁜 생각을 하지 않을 정도였지요. 매년 새해와 명절이 되면 간단한 음식을 차려 조왕신에게 바쳐 불이 나지 않도록 빌었답니다.

하지만 이러한 간절한 바람에도 불이 나는 경우는 많았어요. 나라에서는 불이 났을 때를 대비해 지금의 소방서와 같은 '금화도감'이라는 곳을 만들었어요. 불이 나면 금화군(멸화군)이 출동해서 불을 껐지요. 이들은 화재가 더 이상 번지지 않도록 도끼와 쇠갈고리를 이용해 불이 붙은 집을 무너뜨리기도 하고 장대 끝에 물에 적신 보자기를 매달아 불을 끄기도 했어요. 또한 바람이 많이 부는 날이면 곳곳을 순찰하며 불이 일어나지 않도록 예방 활동도 했답니다.

045

움직이는 공공기관도 있다고요?

공공기관이란 주민 전체의 이익과 생활의 편의를 위해 나라에서 세우거나 관리하는 곳을 말해요. 어떤 한 개인이나 일부 주민을 위해서 있는 곳이 아니라 모두의 이익, 즉 공공의 이익을 위해서 있는 곳이죠. 실제 우리가 사는 지역 주변을 살펴보면 공공기관인 곳들이 많이 존재해요. 우체국, 시청, 보건소, 경찰서, 소방서, 도서관 등 여러 종류가 있지요.

만약 공공기관이 없다면 지역에 여러 문제가 생기거나 주민들의 생활이 불편해질 수 있어요. 필요한 예방접종이나 치료를 받지 못하고, 거리에는 쓰레기가 쌓이며 교통이 혼잡해지는, 생각만 해도 참 아찔한 상황이 이어질지도 몰라요. 그래서 도시나 시골 모두 필요한 곳에 시청이나 보건소, 경찰서와 같은 공공기관이 존재하고 있어요.

혹시 슈퍼마켓이나 대형마트, 백화점과 같은 곳들은 공공기관일까요? 얼핏 여러 사람이 편리한 생활을 위해 자주 이용하

는 곳이기 때문에 공공기관이라 생각할 수 있지만 개인이나 기업이 돈을 벌기 위해 만든 곳은 공공기관이라 할 수 없어요.

공공기관이 없을 때의 불편함이 크다 보니 주민들을 위해 직접 찾아가는 공공기관도 있다고 해요. 촌락의 경우, 사람들이 사는 곳에서 병원이 먼 경우가 있는데 이러한 사람들을 위해 일부 촌락에서는 보건소에서 버스를 이용해 주민들을 직접 찾아가 건강을 관리해 주기도 한답니다. 또한 '찾아가는 시민 사랑방' 같은 프로그램을 만들어 시민들과 가까이서 소통하기 위해 노력하기도 하고요. 이용하는 주민들에게 조금이라도 가까이 다가가려 노력하는 공공기관의 모습이라고 할 수 있어요.

046

어린이도 공공기관에 원하는 것을 요청할 수 있을까요?

교육청, 시청, 보건소, 주민 센터 등 실생활에서 자주 볼 수 있는 여러 공공기관은 각각의 일들을 맡아서 행하고 있어요. 이러한 공공기관들은 지역 주민이 요청하는 일이 있을 때 이를 도와 처리하기도 하는데, 주로 누리집에 올라오는 주민들의 여러 의견을 참고한답니다.

예를 들어 시청의 누리집에 어떤 의견이 올라오면 담당 부서에서는 그 의견을 살펴보아요. 그리고 그 의견에 대해 관련된 담당자끼리 충분히 이야기한 뒤, 채택 여부를 결정하지요. 만약 우리 지역에 필요하고 실현이 가능한 일이라면 의견을 채택하고, 담당 부서에서는 그 의견을 실천할 수 있도록 계획을 세우고 준비를 한답니다.

그럼 우리 어린이들도 공공기관에 의견을 낼 수 있을까요? 당연히 가능하답니다. 우리 어린이들도 주민의 일부이기에 언제든지 목소리를 낼 수 있어요. 하지만 어른이든 어린이든, 낸 의견이 항상 받아들여지지는 않아요. 제안하는 의견이 채택되려면 그에 걸맞은 조건이 갖추어져야 해요.

먼저, 여러 사람과 관련된 문제에 대한 의견이어야 해요. 공공의 이익을 위해 일하는 공공기관이기에 특정된 사람들이 아닌 주민 다수를 위한 의견을 내야 해요. 그리고 또한 해결해야 할 필요성이 인정되는 의견이어야 한답니다. 많은 사람이 해결을 원하는 문제일 때 채택될 가능성이 높아요. 의견을 낼 때 문제 해결 방법을 함께 제시할 수 있다면 받아들여질 가능성은 커진답니다.

실제로 어린이가 제안한 내용이 채택된 경우도 많아요. 아파트 단지 안의 놀이터 바닥을 보다 안전하게 만들게 된 사례나 등하굣길 안전 시설물을 추가로 설치한 사례 등이 바로 그 경우라고 할 수 있어요.

047

조선시대에는 어떤 공공기관들이 있었을까요?

조선시대에는 어떤 공공기관들이 있었을까요? 옛 속담에 '목구멍이 포도청'이라는 속담이 있어요. 이 속담에 나오는 말 중 하나가 옛 조선시대 공공기관이에요. '목구멍이 포도청'은 '먹고 살기 위하여, 해서는 안 될 짓까지 할 수밖에 없는 상태'를 뜻하는데, '포도청'은 지금의 경찰청과 비슷한 도둑이나 강도 같은 범죄자를 잡는 관청이었어요. 즉 이 속담은 먹고 사는 문제 때문에 나쁜 짓을 저질러 포도청에

잡혀 올 수밖에 없는 상황을 말하지요. 백성들이 살기 어려운 상황에서 나온 속담임을 짐작해 볼 수 있어요.

　포도청 이외에도 조선시대에는 여러 공공기관이 있었어요. 먼저, 오늘날의 국세청과 비슷한 일을 했던 '선혜청'이라는 곳이 있었어요. 이곳은 조선 광해군 때 설치되어 나라의 살림을 맡아보던 관청이었어요. 나라에서 걷는 세금을 관리하고 직접 걷는 일을 하던 곳이었죠. 흉년이나 재난이 생겨 가난한 백성들이 어려움에 닥쳤을 때, 이를 구제하기 위한 '진휼청'이라는 곳도 있었어요. 어려운 백성들을 돕기 위해 존재했던 공공기관이라고 할 수 있어요.

　또한 '상평청'이라는 관청도 있었답니다. 이곳은 물가를 조절하던 관청으로, 오늘날 한국은행이 통화량을 조정해 물가를 안정시키는 것처럼, 풍년이 든 해에 곡식을 미리 사들였다가 흉년이 든 봄에 값을 내려 내보내 물가를 조절했어요. 물가가 지나치게 높거나 낮을 때 생기는 문제를 예방했지요. 이 외에도 오늘날 주민 센터와 비슷한 기능을 했던 '향청', 도서관과 비슷한 성격의 '규장각' 등이 있었어요.

　옛 조선시대에도 백성들의 편리한 삶을 위하여 나라에서 관청을 세워 관리했던 거랍니다.

048

이웃 간 다툼은 어디서 해결하나요?

　많은 사람이 함께 모여 사는 곳에서는 좋은 일도 생기지만 동시에 여러 가지 문제가 발생하기도 해요. 이러한 문제들은 삶을 불편하게 하거나 갈등을 일으키기도 하지요. 특히 이웃 간에 일어난 사소한 다툼은 감정싸움으로 번져 큰 문제가 되기도 해요. 주차 문제, 층간 소음 문제, 쓰레기를 함부로 버리는 문제, 반려동물 관련 문제 등 일상생활에서 크고 작은 문제들이 그 예예요.

　이러한 문제들을 해결하고자 지역마다 분쟁조정센터들이 만들어지고 있어요. 이웃 간에 갈등이 생겨 조정을 신청한 사람들에게 전문 상담원, 법률 전문가 등이 나서서 조정 및 도움을 준답니다. 전문가가 자세히 알아본 후, 조정이 필요하다고 생각되면 신청한 사람의 상대방에게 그 사실을 알리고 참여 의사를 물어보지요. 참여가 결정되면 변호사, 변리사, 법무사 등의 전문가들이 나서서 해결에 도움을 주어요.

골목길 주차 다툼, 층간 소음, 악취 등 문제가 생겼을 때 주민들이 소통하고 당사자들이 대화와 토론으로 스스로 해결할 수 있도록 화해의 장을 만들어 돕기도 한답니다. 실제로 이웃 간의 다툼 문제가 슬기롭게 해결된 사례도 많아요.

그중 하나가 이웃 간 주차 문제를 해결하기 위해 실시된 '그린 파킹' 사업이에요. 주택가 골목에 생기는 무질서한 주차 문제를 해결하고자, 주택의 담장을 허물어 개인 주차장을 만들고 남는 공간에 푸른 잔디 등을 심는 사업을 말해요.

개개인의 사생활이 보호받지 못한다는 단점은 있지만 서로 양보와 이해로 주차공간을 더 넓게 얻을 수 있게 되었지요. 하나의 공동체로서 이웃을 대한 하나의 사례라고 할 수 있어요.

049

사람들이 떠났다가 다시 돌아온다고요?

하수처리장, 쓰레기매립장, 가축 배설물처리장…. 이런 시설들의 공통점은 자신이 사는 지역에 설치되는 것을 꺼리는 기피 시설들이라는 점이에요. 강원도의 홍천군 소매곡리도 그중 하나였어요. 이곳에는 가축 배설물처리장, 하수처리장 등이 있어 악취 등 문제가 끊이질 않았지요. 그런데다 그 흔한 도시가스도 공급되지 않아서 생활에 큰 불편을 겪었어요. 살던 주민들은 점차 다른 곳으로 떠나가 버렸죠.

그랬던 소매곡리에 어느 날부터 다시 사람들이 이사를 오기 시작했어요. 무슨 일이 있었던 걸까요? 소매곡리 주민들은 다른 지역 사람들이 싫어하는 기피 시설과 관련된 자원화 시설들을 먼저 유치하고자 했어요. 1970년대에 이미 지어졌던 하수처리장 등을 활용하여 마을이 앞으로 더 발전할 수 있는 방법은 없을까 고민했던 거지요. 그 결과 전국 최초로 '친환경에너지타운'을 만들게 되었어요. 이곳을 통해 온실가스를 감축하고 에너지를 생산하며 환경 문제까지 해결할 수 있었죠.

 소매곡리의 친환경에너지타운에는 하수처리시설, 가축 배설물 처리시설뿐만 아니라 가축 배설물을 활용한 바이오 가스 생산시설, 태양광 발전시설, 폐기물 자원을 활용한 퇴비가공시설 등이 자리 잡고 있어요. 이 시설들을 통해 생산되는 재생에너지를 판매해 주민들의 소득이 높아진 것은 물론, 악취가 사라지고 도시가스, 상·하수도 시설 등이 들어와 살기 좋은 마을로 탈바꿈할 수 있었어요. 더 나아가 생산된 에너지를 각 가정에 공급해 연료비 또한 크게 줄일 수 있었지요.

 좀처럼 해결방법이 없던 문제도 꾸준히 탐색하다 보면 해결책을 찾을 수 있다는 걸 소매곡리가 증명해보였답니다.

제3장

사람들은 사회 속에서 어떤 일을 하며 살고 있을까요?

050

시민 단체는 무슨 일을 하는 곳일까요?

정치는 모든 사람을 위해서 공평하게 이루어져야 해요. 이것이 잘 이루어지는지 확인하는 몫은 국민에게 달려 있지요.

그럼 어떤 방법으로 사람들은 정치와 관련된 문제 해결에 참여할 수 있을까요? 주로 관련 기관에 직접 전화를 걸어 문제를 알리거나 누리집에 의견을 올리는 식으로 참여할 수 있어요. 그래도 잘 해결되지 않으면 서명 운동으로 여러 사람의 관심을 끌거나 지역 신문이나 방송 등을 통해 의견을 밝힐 수도 있지요.

보다 적극적이고 자발적으로 참여하는 방법들

중 하나로 시민 단체를 통한 참여도 있어요. 시민 단체는 시민들 스스로 모여 사회 전체의 이익을 위해 활동하는 곳을 말해요. 뜻이 같은 사람들이 모인 단체로서 정치, 경제, 사회, 교육, 문화, 통일, 환경 등 여러 분야에서 활동하고 있지요. 환경 분야에선 기업이나 국가가 환경을 함부로 해치지 못하도록 감시하고 그러한 정책에 반대하는 일을 해요. 경제 분야에서는 정부가 나랏돈을 쉽게 낭비하지 못하게 하고 기업들이 투명하고 합리적으로 기업 활동을 하도록 살피죠. 또한 교육 분야에서는 좋은 교육 환경이 마련되도록 활동하며, 정치 분야에서는 정치가 잘 이루어지는지 다양한 면에서 살핀답니다.

이밖에도 국제적으로 힘을 모으기도 해요. 오늘날 국제 사회는 환경, 기아, 전쟁 등 여러 나라에 걸쳐 문제가 일어날 때가 많기 때문이에요. 세계 곳곳에 사는 사람들의 인권을 위해 노력하기도 하고, 전쟁으로 고통받는 사람들을 위한 의료 활동이나 국제적인 환경보호 활동을 하는 등 다양한 방면에서 폭넓게 활동하고 있답니다.

051
주민들이 직접 예산 짜는 일에 참여한다고요?

전국의 여러 시군과 도 등의 지방 자치 단체에서는 매년 살림을 운영하기 위한 비용을 계산해 그에 맞게 계획을 세워요. 이것을 어려운 말로 '예산 편성'이라고 하지요. 예전에는 이 예산 편성을 할 수 있는 권한을 지방 자치 단체의 공무원들이 독점적으로 갖고 있었어요.

하지만 점차 주민들도 예산을 짜는 일에 직접 참여해야 한다는 목소리가 높아지면서, '주민 참여 예산제'가 시행되기 시작했어요. 이 제도는 예산이 보다 투명하고 공정하게 계획되어 쓰이게 한다고 볼 수 있어요. 지방 자치 단체가 가진 예산은 본래 주민들이 낸 세금 등으로 만들어지기 때문에 주민들이 예산을 짜는 것은 어찌 보면 당연하

다고 볼 수 있답니다.

주민 참여 예산제가 이루어지는 과정을 살펴보면, 먼저 주민들이 내용과 방법 등을 자세히 알 수 있도록 지방 자치 단체에서 교육을 해요. 이를 토대로 주민들은 예산을 짜는 과정에 직접 참여해 예산의 우선순위를 결정하는 데 의견을 제시하죠. 그리고 불필요하다고 생각되는 예산은 줄이고 필요하다고 생각되는 예산을 늘려 균형을 맞추는 일을 해요. 실제로 이를 통해 몇 백억이나 되는 돈을 아낀 사례도 있어요.

의견을 결정할 때는 주민들이 직접 의논할 문제를 제시하고, 주민 투표로 결정하는 경우가 많아요. 이처럼 주민 참여 예산제는 주민들이 참여하는 민주주의가 제대로 이루어지기 위해 만들어진 제도라고 할 수 있어요. 지난 2005년 개정된 '지방 재정법' 이후 우리나라에서 대표적인 주민 참여 방법 중 하나로 각광받고 있답니다.

052

주민들은 위기의 두꺼비들을 어떻게 지켜냈을까요?

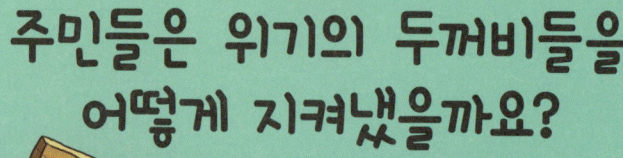

우리가 사는 지역에 어떠한 문제가 생긴다면 누가 관심을 갖고 해결하는 데 앞장서야 할까요? 바로 그 지역에 사는 우리들 자신일 거예요. 만약 우리가 관심을 갖지 않는다면 일은 잘 해결되지 않을 것이 분명해요. 마치 우리가 지내는 학급에 어떤 문제가 생겼을 때 관심을 갖지 않고 그 문제에 대한 해결책을 생각하지 않는다면 이후 더 큰 문제가 생기듯이 말이에요.

 지역 문제를 지역 주민들이 슬기롭게 해결한 실제 사례는 많이 있답니다. 그중 하나가 충청북도 청주시 '원흥이 방죽'의 사례예요. '원흥이 방죽'은 겨울잠을 자던 두꺼비들이 봄이 되면 깨어나 알을 낳기 위해 매년 찾는 곳이었어요. 우리나라에서 쉽사리 찾기 힘든 두꺼비 서식지였지요. 그런데 2003년부터 청주시에서 이곳을 새롭게 개발하면서 위기를 맞게 되었어요. 개발이 진행되면 진행될수록 환경이 파괴될 위험이 높아 원흥이 방죽이 훼손될 우려가 아주 높았어요. 이에 시민 단체가 중심이 되어 개발 반대 운동이 일어났어요.

  일반 시민들까지 반대운동에 참여하면서 찬성과 반대의 대립이 오랜 시간 이어졌어요. 주민들이 직접 나서서 개발보다는 환경을 보존해야 한다고 목소리를 모으면서, 방송과 언론에서도 관심을 가지게 되었어요. 이후 많은 주민이 자발적으로 원흥이 방죽을 지키고자 밤낮을 가리지 않고 보호 운동에 참여해, 1년 6개월이 넘는 긴 시간 끝에 결국 개발을 찬성하는 측으로부터 양보를 받아내었답니다. 국내 최초로 두꺼비 생태 공원을 만들기로 한 거예요.

  이처럼 지역에 대한 자긍심과 공동체 의식을 갖고 문제 해결에 나서는 것은 매우 중요해요. 그러한 모습을 보일 때 진정한 주인의식이 생겨날 수 있기 때문이에요.

053

드론으로 농사도 지을 수 있다고요?

드론이 일을 잘하네.

　촌락은 자연환경을 이용하여 살아가고 있어 계절이나 날씨에 따라 그 생활 모습이 달라지기도 해요. 특히 농촌의 경우는 곡식이나 채소를 재배할 때 그 시기를 잘 맞추어야 해서 더욱 그렇지요. 봄에는 흙을 갈아주고 거름을 뿌리며 모내기와 씨앗 뿌리기 등을 하고, 이어 여름에는 잡초를 뽑아 없애고 태풍이나 비, 병충해 피해를 입지 않도록 세심하게 관리해야 한답니다. 가을에는 그동안 잘 자란 여러 농작물이나 과일 등을 수확하고, 겨울에는 비닐하우스를 이용해 농작물을 재배하거나 퇴비를 만드는 등 다음 해 농사를 준비하지요.

　농촌에서는 벼농사만 지을 것이라고 생각하는 경우가 많지만 사실 농사만 지어서는 충분한 생활을 할 수 없기에 다른 농사도 많이 지어요. 누에치기, 난초와 꽃 재배 등 다른 수익 작물들도 많이 재배하지요. 오늘날에는 도시와 연결이 잘 되어

있어 이를 직접 판매하는 경우가 많아요.

  오늘날에는 사람의 힘만이 아닌, 드론을 이용하여 농사를 짓는 곳도 있다고 해요. 전북 김제의 한 농가에선 무게 16kg에 달하는 대형 드론을 이용하여 각종 병충해로부터 농작물을 보호하는 방제작업을 하였어요. 방제에 필요한 비용과 농약의 위험부담이 점차 커지면서 이를 해결하기 위해 드론을 활용한 최첨단 농업이 시도된 것이죠.

  논의 규모에 따라 드론으로 시도된 방제작업은 많은 사람의 감탄을 이끌어냈어요. 시간과 비용을 크게 절감하는 효과를 냈기 때문이에요. 앞으로 더 많은 연구와 개발을 통해 여러 곳에 확장한다고 하니 큰 기대가 되는 새로운 농사법이라 할 수 있어요.

인구가 어느 정도 돼야 도시가 될 수 있을까요?

도시는 높은 건물과 크고 작은 도로들이 많고, 중심지 거리마다 사람들이 가득하지요. 또한 버스나 지하철 같은 사람들이 쉽게 이동할 수 있는 대중교통망이 잘 발달해 있답니다. 많은 인구가 사는 만큼 높은 아파트들도 많아요. 좁은 면적에 많은 사람이 모여 살기 때문이에요. 도시는 많은 사람이 오고 가는 곳인 만큼 행정·상업·문화·경제 등 각종 중심지가 발달해 있어요.

여러 시설이 발달해 있는 것도 특징이에요. 사람들이 편히 쉴 수 있는 공원이나 박물관, 도서관, 미술관 같은 문화시설은 물론이고, 시청이나 도청 같은 공공기관, 대형마트나 시장 등도 사람들이 편리하게 이용할 수 있도록 발달했지요. 특히 회사나 공장들이 많아 일자리도 풍부한 편이에요.

우리나라에는 여러 유형의 도시가 있어요. 서울특별시처럼 철도·도로 교통의 중심지로서 일찍이 수도로 발전한 유형,

전남 여수시처럼 큰 공장이 많아 산업도시로 발전한 유형, 철도 교통, 해상 교통이 발달한 부산광역시 같은 유형 등이 있답니다. 특히 지난 2012년 출범한 세종특별자치시처럼 나라에서 새롭게 계획하여 만든 행정중심복합도시라는 독특한 유형도 있어요.

  그런데 어느 정도의 인구가 모여야 정말 도시라고 할 수 있을까요? 촌락과 도시를 나누는 기준은 나라별로 달라요. 북유럽 노르웨이의 경우는 인구가 200명 이상이 모여 사는 곳이면 도시라고 해요. 하지만 우리나라처럼 땅이 좁은 곳에서는 200명 이상이 사는 곳을 도시라고 한다면 아마 거의 모든 곳이 도시가 될 거예요. 우리나라는 모여 사는 사람의 수가 보통 5만 명 이상이어야 도시라고 불러요. 그 이하는 촌락으로 본답니다.

055

건물이 빽빽한 도시에서도 농업이 이루어진다고요?

오늘 저녁 삼겹살과 함께 먹을 상추! 내가 직접 키워 더 맛있지.

높은 건물이 즐비한 도시에서는 넓은 논과 밭을 보기가 쉽지 않아요. 크고 작은 도로와 각종 시설들이 넘쳐나고, 좁은 땅에 많은 사람이 살고 있어 곡식이나 식물들을 가꿀 만큼 땅이 여유롭지 않아서죠. 그런데 이런 도시에서도 상추나 파 같은 채소를 기르거나 예쁜 꽃을 피우는 식물을 가꾸는 일들이 이루어지고 있다고 해요.

도시 농업은 건물의 옥상이나 자투리 공간에서 화분, 상자 텃밭, 작은 농장 등을 이용해 채소나 여러 식물 등을 가꾸는 것을 말해요. 바쁜 일상에 지친 도시 사람들에게 여러 장점이 알려지면서 큰 인기를 끌고 있지요. 녹색식물이 많아져 도시의 공기가 맑아지는 데도 기여하고, 함께 모여 가족 단위로 무공해 채소를 직접 길러 먹는 기회도 제공하고 있답니다. 단순히 채소를 길러 먹는 것에서 그치지 않고, 함께 가꾸며 수확하는 즐거움을 통해 하나의 공동체를 만드는 계기가 되고 있지요.

　도시 농업을 통해 녹색식물들로 도시 속 쉼터를 꾸밀 수 있다는 점은 삭막하고 바쁜 도시에서 많은 사람에게 여유와 기쁨을 선물하지요. 세종특별자치시에 있는 정부세종청사 옥상정원도 도시 농업이 이루어진 한 예랍니다. 이 옥상정원은 아주 특별한 별명이 있다고 해요. 바로 '세계에서 가장 큰 옥상정원'이에요. 총 길이가 약 3,000m가 넘어서 기네스북에도 올라 있답니다. 이곳은 사계절의 변화를 느낄 수 있는 다양한 꽃과 식물이 심어져 아름다운 정원으로 탄생했어요.

　도시와 촌락을 연결하는 역할을 하는 도시 농업은 도시 사람들에게는 농촌 사람들의 마음을 느끼게 하고, 농촌 사람들에게는 도시와 농촌이 하나로 연결될 수 있다는 믿음을 주고 있답니다.

056
우리는 왜 현명하게 용돈을 써야 할까요?

우리가 하는 모든 일상 속 경제생활에는 항상 선택의 문제가 발생해요. 아주 사소한 것에서부터 선택의 상황들은 찾아오지요. 예를 들어 학교가 끝나고 집에 돌아오는 길에 배가 몹시 고파졌다고 상상해 보세요. 이때 주머니에 천 원짜리 한 장이 있다면, 무엇을 사 먹는 것이 좋을지 고민에 빠질 수 있어요.

가지고 있는 돈이 정해져 있다면 하나를 선택해야 하는 상황에서 어떤 결정을 내려도 아쉬움은 남을 거예요. 뭔가를 선택해 결정을 내려야 하는 경우는 이런 경제적인 경우만 있는 것은 아니에요. 시간이나 상황을 선택해야 하는 경우도 있어요.

선택의 문제는 모든 사람에게 흔히 주어져요. 그래서 모두 필요에 맞게 바람직한 선택을 하려고 노력하죠. 용돈을 사용할 때도 마찬가지예요. 용돈으로 친한 친구의 생일 선물을 사야 할 때도 있고, 부모님의 생신 선물을 사야 할 때도 있어요. 너무 좋아하는 아이돌의 기념품을 사고 싶을 때도 있고, 읽고 싶던 책을 사고 싶을 때도 있죠.

  계획성 없이 용돈을 사용하다 보면 해야 할 일을 못 하게 될 때가 생겨요. 꼭 해야 하는 친구의 생일 선물을 할 수 없게 되면 관계가 어색해질 수도 있지요.

  이처럼 항상 사고 싶은 것은 많고, 용돈이 모자랄 때는 많아요. 원하는 마음은 많으나 모두 가질 수 없는 상태를 가리켜 우리는 '희소성'이라고 해요.

  용돈을 현명하게 사용하려면 가격이 적당한지, 지금 나에게 필요한지, 오래 쓸 수 있는지 등을 함께 생각해야 해요. 그리고 꼭 사용해야 할 것들의 순위를 정하는 것도 중요하답니다. 이렇게 합리적인 선택을 하게 되면 자신감도 높아질 수 있답니다.

057

연필 한 자루가 만들어질 때까지 어떤 일이 일어날까요?

연필은 결이 곱고 부드럽게 잘 깎이는 삼나무로 만들어요. 쇠톱으로 통나무를 잘라 판자로 만든 후, 다시 연필 크기로 자르지요. 이어 연필 공장에서는 잘린 나무판에 홈을 파고, 그 안에 연필심을 넣어 연필을 완성해요. 이렇게 만들어진 연필은 운송수단을 통해 문구점이나 대형마트에서 판매되지요.

이처럼 생활에 필요한 물건을 만드는 활동을 가리켜 생산활동이라 해요. 연필뿐만 아니라 신발, 가방, 옷, 자동차, 건물 등 생활에 필요한 것들이 만들어지는 활동 모두 생산활동의 범위에 들어가지요.

이렇게 눈에 보이는 것들 외에 눈에 보이지 않거나 만질 수 없는 생산활동도 있어요. 미용실에서 머리 손질을 받는 활동이나 택배기사 아저씨가 물건을 배달해 주는 일, 내가 좋아하

는 댄스 가수가 공연을 하는 일 등 생활을 더 즐겁고 편리하게 해 주는 모든 것들도 생산활동이에요.

그렇다면 나와 친구들이 즐겁게 탁구를 치는 것 또한 생산활동일까요? 친구와 함께 탁구를 치는 것은 취미활동이기에 생산활동이라고 할 수는 없어요. 생활에 필요한 것을 제공하는 것이라고 할 수 없기 때문이에요.

하나의 생산활동은 다른 생산활동에 영향을 미치기도 해요. 우리에게 연필이 오기까지 여러 번의 생산 과정을 거친 것처럼 서로 맞물린 톱니바퀴처럼 영향을 주고받지요.

이렇게 생산된 것을 쓰는 것을 소비라고 해요. 떡볶이 가게에서 떡볶이를 사 먹는 것, 영화관에서 영화를 보는 것, 여행을 가기 위해 기차를 타는 것 모두 소비활동이라 할 수 있어요. 생산과 소비는 서로 연결되어 있는 경제활동이랍니다.

왜 물건에는 'made in China'가 많을까요?

상품을 살 때 포장지 뒷면을 보면 원산지가 쓰여 있어요. 물건이 만들어진 곳을 뜻하는 원산지는 주로 'made in 나라 이름'으로 쓰여 있지요. 세계가 하나의 지구촌 사회로 발전하면서 우리나라 상품뿐만이 아니라 다른 나라에서 만들어진 상품들도 쉽게 볼 수 있게 되었어요. 당장 친구들이 자주 먹는 과자만 해도 원산지가 우리나라 것만 있는 건 아니랍니다. 이미 옷, 장난감, 노트북, 냄비 등 여러 나라의 제품이 우리 생활 속에 들어와 있지요.

그런데 원산지를 살피다 보면 'made in China'가 유독 많다는 걸 알 수 있어요. China는 중국을 가리키는 영어 이름이예요. 중국에서는 왜 이렇게 많은 물건이 만들어지

는 것일까요?

세계 여러 나라에서 만들어진 상품이 다양하게 들어오는 이유는 우리 지역에서는 만들 수 없거나 힘든 제품을 다른 나라에서는 쉽게 만들기 때문이에요. 자연환경이 다르고 제품을 생산하는 기술과 노동력이 다른 경우, 제품을 만들기 더 유리한 지역에서 제작된 제품이 수입될 가능성이 크지요.

생활 속 많은 물건에 'made in China'나 'made in indonesia' 등이 쓰이는 이유는 중국이나 인도네시아의 인건비가 싸서 생산 공장이 그 지역에 많이 있기 때문이에요. 이처럼 다른 나라에 공장을 짓고 제품을 만들어 판매하는 방식을 'OEM'이라고 하는데 이 방식으로 만든 제품의 경우는 생산하는 나라와 판매하는 나라가 다르답니다.

우리나라보다 물가가 싼 나라에서 생산을 하면 공장을 유지하는 데 드는 여러 비용이 절약되어 생산 가격을 낮출 수 있어 많은 기업이 OEM을 하고 있답니다.

059
K-POP에 전 세계가 열광하는 이유가 무엇일까요?

지구촌의 세계 여러 나라 사람이 이용하는 사회 관계망 서비스(SNS), 인터넷 쇼핑몰 등 인터넷이 교류의 중심에 서게 되면서 사람들의 심리적 거리는 정말 가까워졌어요. 서로 다른 나라 사람을 상대로 물건을 사고파는 것도 쉬워졌죠. 접촉이 쉬워지고 익숙해지면서 음악, 영화, 여행 등 문화적 교류도 익숙해졌답니다.

특히 K-POP이라 일컬어지는 한국 대중음악은 오늘날 전 세계 사람들의 큰 관심을 끄는 음악으로 발전했어요. 지난 2012년 중반 가수 싸이가 전 세계적인 인기를 얻은 것은 물론, 2019년 그룹 방탄소년단은 거대한 팬덤을 형성하며 전 세계에서 폭발적인 인기를 얻고 있어요.

한국 가수들이 전 세계 사람들의 큰 관심과 인기를 끄는 배경에는 화려한 퍼포먼스와 멋진 댄스, 뛰어난 가창력 등이 있지요. 많은 외국 사람이 이 K-POP 노래를 따라 부르고 춤을 따라 추며 함께 즐기는 모습은 매우 강한 인상을 남긴답니다. 특히 우리말로 노래하는 가수들을 사랑하는 많은 외국인이 우리나라 말을 비롯한 우리 문화에도 관심을 기울이는 모습은 더욱 그렇지요.

　우리나라의 음악을 다른 나라 사람들이 듣는 것처럼 우리 역시 다른 나라의 문화를 쉽게 접하고 있어요. 쌀국수나 초밥, 샌드위치, 오페라 공연 등과 같이 우리 생활에도 다른 나라의 문화가 깊숙히 자리잡고 있지요.

　오늘날은 세계화로 인하여 나라 간 인구 이동이 많아지면서 다른 인종, 종교, 민족, 성 등에 따른 다른 문화가 공존하는 사회로 나아가고 있답니다.

학교가 줄어들고 있다고요?

 매년 3월이 되면 새 학년이 되지요. 선생님이 어떤 분일까, 어떤 친구들을 새로 만날까 하는 생각으로 기대 반, 설렘 반으로 학교에 온답니다. 특히 새로 학교에 입학하는 1학년 친구들은 설레는 마음이 더욱 클 거예요.

 그런데 놀랍게도 새로 입학하는 1학년 학생들이 전혀 없어 입학식을 열지 못하는 학교들이 많아지고 있다고 해요. 통계 자료에 따르면, 지난 2010년 약 330만 명이던 전국 초등학생 수가 2017년에는 약 267만 명까지 줄어들었다고 해요.

 학생 수가 심하게 줄어든 일부 지역에서는 주변 다른 학교와 합쳐져서 문을 닫는 학교도 생겼어요. 학교가 문을 닫는다는 것은 그 지역 주민들에게는 참 안타까운 일이에요. 학교는 지역 역사의 일부라고도 할 수 있기 때문이지요.

 초등학생 수가 줄어드는 배경에는 우리 사회에서 일어나는 저출산과 고령화가 있어요. 태어나는 아이의 수는 줄어들고 노인 인구는 많아지면서, 공부하는 학생 수가 점점 줄어들고 일하는 노인의 수는 늘고 있지요. 아이의 수가 줄어들다 보니 가족 구성원의 수 또한 줄어들고 있어요. 가족의 형태가 변하는 것이지요. 결국 시간이 지날수록 일할 사람이 줄어들 것이 분명하기에, 이는 우리나라 경제에도 큰 영향을 미칠 수 있답니다.

  저출산이라는 문제 해결 방법은 아이를 많이 낳는 것이에요. 이렇게 정확한 답이 있지만 해결되기 어려운 이유는 사회 전반적인 문제 때문이지요. 저출산 문제는 경제적·사회적 문제를 해결하는 게 우선되어야 해요. 아이를 낳는 것이 행복한 일이 될 수 있도록 사회 분위기를 만들어나가는 것이 중요해요.

061

마트에 직접 가지 않고도 물건을 산다고요?

오늘날 우리들은 매일 넘쳐나는 많은 정보 속에서 생활하고 있어요. 아침마다 미세먼지의 양을 알려주는 알림 정보를 통해 마스크를 써야 할지 말지를 결정하거나, 내비게이션을 통해 목적지까지 쉽고 빠르게 갈 수 있는 길을 안내받지요. 이처럼 우리는 많은 정보와 지식 사이에서 일상을 살아가고 있어요.

사회가 발전해 나가는 데 정보가 중요한 자원이 되어 중심 역할을 담당하는 사회를 '정보화 사회'라 해요. 오늘날 사람들은 인터넷이 발달하면서 더욱 다양한 정보와 지식을 빠르게 얻을 수 있게 되었어요. 이 정보와 지식은 곧 새로

시리야, 당근 주문해 줘.

운 자료로 만들어지고, 이를 다른 사람과 함께 나누기도 하지요. 우리가 학교의 모둠 과제를 해결할 때, 인터넷에서 자료를 검색해서 해결하는 경우가 그 예랍니다.

 스마트폰 같은 모바일기기가 발전하면서 정보와 지식은 쉽고 편리하게 활용되고 있어요. 이제 스마트폰을 이용해 마트에 가지 않고도 쇼핑을 하게 되었지요. 원하는 상품의 종류와 수량을 스마트폰 화면에서 선택한 후 주문 버튼을 눌러 물건을 살 수 있어요. 빠르면 당일, 늦어도 며칠 안에 물건을 택배로 받을 수 있답니다.

 비슷한 예로, 스마트폰, 컴퓨터 등을 이용하여 직접 은행에 가지 않고도 은행 업무를 볼 수도 있게 되었어요. 공인인증서 같은 개인의 전자신분증만 있으면 나에게 필요한 일들을 쉽게 처리할 수 있답니다. 뿐만 아니라 실시간으로 세계 곳곳에서 일어나는 소식들을 빠르게 접하고, 밖에서 스마트폰으로 집에 있는 가전제품을 작동할 수도 있게 되었어요.

 앞으로는 모바일, 사물 인터넷과 함께 빅데이터, VR, 인공지능 등 새로운 정보화 기술들이 우리와 함께 할 거예요. 정보화가 활발히 이루어지면서 많은 사람의 삶이 더욱 편리해질 것으로 예상된답니다.

062

저작권은
왜 중요할까요?

현대인에게 인터넷과 스마트폰은 없어서는 안 될 필수품이죠. 초등학생도 예외는 아니에요. 스마트폰과 인터넷을 활용하는 친구들은 물론이고, 그 정도를 넘어서 지나치게 사용하는 친구들이 점차 늘고 있지요. 우리나라 청소년 7명 중 1명 정도가 인터넷, 스마트폰에 지나치게 의존한다는 조사결과도 있어요. 실제로 지하철이나 버스, 심지어 길을 가고 있을 때도 스마트폰을 보느라 고개를 숙인 친구들을 자주 볼 수 있어요.

정보화 사회가 되면서 필요한 정보와 지식을 쉽고 빠르게 얻을 수는 있게 되었지만 정보화 기기에 대한 지나친 의존, 악성 댓글, 개인정보 유출, 자료 불법 공유, 게임 중독 등 부작용 또한 많아졌어요. 또한 인터넷을 통해 정보를 쉽게 접하고 공유하다 보니 다른 사람이 애써 만든 정보의 가치에 대해 너무 쉽게 생각하는 경우도 생겨나고 있어요.

누군가 독자적인 아이디어로 만들어낸 창작물을 가리켜 '저작물'이라 말해요. 이런 저작물에는 저작권이라는 것이 함께 따라오는데, 만든 이가 가지는 권리를 뜻해요. 저작권은 오랜 시간과 노력으로 창작물을 만들어낸 이를 위한 정당한 대가예요. 그래서 허락을 받지 않고 다른 이가 만든 프로그램, 사진, 글, 음악 등을 함부로 복제하거나 내려받아 사용하면 엄청난 금액의 벌금을 물게 된답니다.

  저작권을 지키는 것은 만든 이의 권리를 보호하는 것을 넘어 우리나라 문화 관련 산업을 발전하게 만드는 데에도 도움을 주어요. 저작권의 철저한 보호를 통해 어떤 것을 만들어내고자 하는 욕구를 더욱 샘솟게 할 수 있기 때문이에요. 이처럼 다른 이의 소중한 저작권을 존중하고, 정당한 대가를 지불하는 것은 정보화 사회를 살아가는 올바르고 멋진 자세라고 할 수 있어요.

063

자유 무역 협정은 무엇일까요?

'자유 무역 협정(FTA)'이라는 말을 들어본 적이 있나요? 뉴스와 신문에 자주 등장하는 이 말은 나라와 나라 간에 이루어지는 무역에서 관세와 같은 여러 걸림돌을 없애는 협정을 말해요. 우리나라에서 만들어진 물건을 우리나라 안에서 사고파는 것처럼 외국 물건도 자유롭게 사고팔 수 있도록 여러 장벽을 허무는 것을 뜻한답니다.

외국 물품이 우리나라로 들어올 때는 관세라는 것이 붙어요. 마찬가지로 우리나라 물품도 외국으로 나갈 때 똑같이 관세라는 것이 붙죠. 관세는 외국 물품에 대한 세금이에요.

관세가 붙으면 판매가격이 높아져 사람들이 잘 선택하지 않게 되지요. 하지만 두 나라 간에 자유 무역 협정이 맺어지면 우리나라 물품과 외국 물품이 서로 같은 조건에서 거래되어 선택이 더 자유로워져요. 자유 무역 협정을 맺은 상대 나라에

서도 마찬가지로 관세 없이 우리나라 물품이 사고 팔리게 된답니다.

 자유 무역 협정을 통해 기업 간의 생산활동이 힘차게 이루어져 수출과 수입이 더욱 활발해지기도 해요. 또한 시장의 크기도 더욱 커져 무역을 통한 이익이 늘어나기도 하지요. 뿐만 아니라 외국의 우수한 기술이 우리나라로 들어와 발전할 수 있는 바탕이 마련되기도 한답니다. 이 자유 무역 협정은 오늘날 상품뿐만 아니라 서비스, 교육, 정책 등 다양한 부문까지 점차 범위가 넓어지고 있어요.

 하지만 무조건 좋은 것만은 아니에요. 경쟁력이 약한 농업이나 축산업 같은 분야는 큰 위기를 맞을 수도 있어요. 다른 나라에서 수입되는 농축산물 가격이 훨씬 싸기 때문이에요. 따라서 자유 무역 협정이 맺어지면, 경쟁력이 약한 산업에 대한 정부의 지원이 꼭 필요하답니다.

064

음식을 먹는데도 다양한 방법이 있다고요?

　교류가 세계적으로 늘어나면서 다양한 문화가 우리 삶 속에 스며들고 있어요. 음식, 춤, 예술, 주택 등 생활 속 다양한 부분에 여러 문화가 살아 숨 쉬고 있지요. 그러다 보니 사회 구성원도 점점 다양해지고 있어요. 이제는 우리 전통 문화만이 아니라 다른 나라의 문화도 함께 알아야만 제대로 어울려 살 수 있어요.

　세계 식품 시장의 약 16%를 차지하는 할랄 푸드는 이슬람 문화의 대표적인 특징을 보여주지요. 할랄이란 이슬람교를 믿는 사람들인 무슬림이 먹고 쓸 수 있는 제품을 말해요. 아랍어로 '허용된 것'을 가리키는데 과일, 야채, 곡류 등과 다양한 해산물을 포함해요. 이슬

젓가락으로 뭐든 집을 수 있지.

람교의 특성상, 돼지고기, 잔인하게 도살된 고기 등은 금지되고 있지요. 무슬림들은 이 할랄 푸드만을 먹는답니다.

　유럽이나 미국 등에서는 주로 포크와 나이프를 사용하는 식사 문화가 있답니다. 식사를 하기 전, 냅킨을 무릎 위에 올려놓고 식사를 시작하며 각자의 접시에 먹을 만큼의 음식을 덜어 먹는 습관도 있지요. 그리고 함께 식사하는 사람들의 음식이 모두 준비되기 전에는 웬만하면 포크를 들지 않기도 해요.

　우리나라와 같은 동양에서는 서양과 달리 젓가락 문화가 발달했어요. 젓가락은 음식을 집어먹거나 다른 물건들을 집는 도구로 사용되지요. 젓가락은 가늘고 길이가 같은 한 쌍으로, 숟가락과 한 세트를 이루어 '수저'라고도 해요. 나라마다 조금씩 사용하는 방식이 다르지만 우리나라는 밥과 국물이 있는 음식은 숟가락으로 먹고, 반찬을 먹을 때는 젓가락을 사용지요. 이처럼 여러 사람이 즐기는 문화는 아주 다양하답니다.

나도 먹을 수 있는데…. 멍!

065

시청각 장애인들도 즐길 수 있는 영화가 있다고요?

영화 관람은 수많은 사람이 취미로 가질 정도로 쉽게 즐길 수 있는 문화예술예요. 그러나 이런 영화를 쉽게 즐기지 못하는 이들이 있어요. 바로 시청각 장애인들처럼 장애를 갖고 있는 사람들이에요. 시청각 장애인들에게는 다른 이들이 편히 즐기는 영화 관람이 아주 높은 장벽과 같이 느껴지지요. 영화에서 가장 중요한 영상과 소리가 그들에게는 쉽게 전달되지 못하기 때문이에요.

이러한 장벽과 어려움을 걷어내고 그들도 영화라는 문화예술을 즐길 수 있도록 만들어진 영화가 있어요. 바로 '배리어 프리 영화'예요. 말 그대로 장벽을 뜻하는 '배리어'를 없애고 자유롭게 즐길 수 있다는 의미예요. 이 영화는 시각이나 청각

문화생활할 수 있어서 너무 좋아.

장애를 가진 사람이 영화를 볼 수 있도록 소리와 영상을 각각 자막과 음성 해설로 바꿔서 불편함이 없이 볼 수 있도록 만들어졌어요.

우리는 장애를 가진 사람들을 '장애인'이라고 표현하지요. 그런데 일부에서 친구라는 의미가 들어간 '장애우'라는 말로 잘못 표현하기도 해요. 장애우라는 표현은 말 그대로라면 장애를 가진 사람들은 처음 보는 사람과도 무조건 친구가 되어야 하는 사람이 되어요.

이처럼 상대를 배려한다는 생각이 실제로 상대방은 그렇게 느끼지 않는 상황이 의외로 많아요. 배리어 프리 영화는 이러한 차별과 편견을 극복하고 실제로 장애인들에게 도움을 주기 위해 시작된 새로운 방식의 영화랍니다.

066

살색이 아니라 살구색이라고요?

하얀 도화지에 알록달록 크레파스로 누구나 한 번쯤 내 얼굴은 그려봤을 거예요. 여러 가지 색으로 채워진 '크레파스'는 우리에게 아주 친숙한 도구이지요. 그런데 크레파스를 이루는 색깔 가운데 하나였던 '살색'이 다문화 사회에는 어울리지 않는 편견의 색깔이었다는 것을 알고 있나요?

처음 살색이 만들어졌을 때는 우리나라 국민의 대다수가 한민족이어서 피부색을 가리키는 '살색'을 만들 수 있었어요. 하

지만 다양한 인종과 문화를 가진 이들이 함께 하게 되면서, 살색은 더 이상 모든 이를 고려한 색이 되지 못했지요. 외국에서 우리나라로 온 이주노동자, 국제결혼을 통해 우리나라로 온 사람들 등 우리와 피부색이 다른 이들에게는 크레파스 살색의 의미가 전혀 통하지 않았던 거예요.

2001년 8월, 국가인권위원회에 청원이 하나 올라왔어요. 바로 '살색'이 피부색에 따른 편견을 만들어내기 때문에 이를 바꾸어야 한다는 청원이었어요. 여러 논의 끝에 '살색'은 '연주황'으로 바뀌었답니다. 그런데 다시 한 번 이름을 바꾸어 달라는 청원이 이어졌어요. 이번에는 크레파스를 자주 사용하는 초등학생에게 '연주황'이라는 이름이 너무 어렵다는 청원이었어요. 너무 어려운 용어는 또 다른 차별이 될 수 있다는 말이 공감을 얻어 '살구색'이 되었어요.

미국에서도 이와 비슷한 일이 있었어요. 처음에는 미국 백인들의 피부색에 가까운 색을 '살색'이라고 했지만 이후 모든 사람의 피부색에 맞지 않아 '복숭아색'으로 바뀌었어요. 이는 단순히 크레파스 색깔 이름이 바뀐 게 아니라 편견과 차별을 없애려는 노력이 맺은 놀라운 결과라 할 수 있답니다.

067

아시안 하이웨이를 타고 어디까지 갈 수 있을까요?

여행을 가거나 친지를 방문하기 위해 경부고속국도를 달리다 보면 낯설지만 독특한 표지판을 만날 수 있어요. 바로 '아시안 하이웨이'라는 표지판이에요. 우리가 자주 보는 녹색 표지판에 일본, 중국, 인도, 터키 등의 나라 이름이 쓰인 이 표지판은 아시아와 유럽의 여러 나라를 연결하는 고속국도를 가리켜요.

현재 우리나라에는 경부고속국도, 호남고속국도, 동해고속국도 등 여러 고속국도가 있어요. 이 아시안 하이웨이는 일반 고속국도와 다르게 우리나라를 벗어나 아시아, 유럽의 여러 나라와 연결되는 고속 국도예요.

21세기의 실크로드라고도 불

나는 자동차로 터키 간다!

리는 이 길은 하나의 길이 아니에요. 아시아 지역 주요 8개 노선을 중심으로 약 30여 개국에 많은 지선과 연결된답니다. 그중 우리나라를 지나는 노선은 2개로, 일본-우리나라-중국-인도-터키를 연결하는 노선과 우리나라-러시아-벨라루스를 연결하는 노선이 있어요.

우리나라가 아시안 하이웨이에 포함된 이유는 대륙과 바다에 접근하기 쉽다는 지리적인 강점 때문이에요. 아시안 하이웨이가 완공되면 일본 도쿄에서 출발하여 우리나라를 거쳐 유럽까지 자동차로 갈 수 있게 되지요. 우리나라는 육지와 바다가 모두 접해 있는 반도여서 대륙으로 바로 갈 수도 있고, 바다로 나아가기도 편한 두 가지 장점을 함께 가지고 있어요.

아시안 하이웨이가 완공되면 우리는 자동차를 타고 아시아의 여러 나라를 거쳐 유럽으로 여행을 떠날 수 있어요. 비행기나 배를 이용하지 않고 여러 가지 물건을 트럭으로 유럽까지 운반할 수도 있게 되죠. 아직은 여러 문제가 남아 있지만 가까운 시일 내에 전부 연결되기를 모두가 희망하고 있답니다.

068

크리스마스를 여름에 보내는 나라가 있다고요?

지구를 본뜬 모형인 지구본을 보면 여러 선이 그어져 있어요. 실제 지구에는 선이 없는데, 지구본에는 왜 선이 그어져 있을까요? 지구본에 그어진 선을 우리는 위선과 경선이라고 불러요. 이는 쉽게 위치를 찾을 수 있도록 그어진 선이에요.

위선은 가로로 그은 선으로 위도를 나타내요. 위도는 지구의 중심을 지나는 적도를 기준으로 북극까지를 북위, 남극까지를 남위라고 하는데, 각각 90°로 나누어 북쪽과 남쪽의 위치를 나타낸답니다. 경선은 세로로 그은 선으로 경도를 나타내요. 경도의 기준이 되는 본초자오선을 기준으로 동쪽은 동경, 서쪽은 서경으로 나타낸답니다.

우리나라의 위치는 어떻게 나타낼 수 있을까요? 우리나라는 위도상 북위 33°에서 43°사이에 있어요. 적도를 기준으로는 북쪽

메리 크리스마스!

에 있어 북반구에 있다고도 할 수 있지요. 그리고 경도상으로는 동경 124°에서 132° 사이에 있어요. 우리나라의 위치는 북위 33°~43°, 동경 124°~132°라고 말하지요.

 지구는 자전축이 23.5° 기울어진 상태로 태양의 둘레를 돌고 있기 때문에 계절 변화가 나타나지요. 우리나라를 비롯해 북반구에 있는 나라들은 6~8월 사이에 태양으로부터 받는 일사량이 많아져 덥고, 호주와 같은 남반구에 있는 나라들은 6~8월이 추운 겨울이 된답니다. 북반구와 남반구의 계절이 서로 반대인 것이죠. 그래서 같은 크리스마스라도 하얀 눈이 내리는 겨울인 우리와 달리, 남반구의 사람들은 여름철에 크리스마스를 보내게 되는 것이랍니다.

069
우리나라에서 제일 먼저 해가 뜨는 곳은 어디일까요?

"동해물과 백두산이 마르고 닳도록…."

애국가 첫머리에는 예로부터 우리나라를 상징하는 동해물과 백두산이 등장해요. 우리나라의 영역은 영토와 영해, 영공 이 세 가지로 이루어져 있어요. 다른 나라의 간섭 없이 우리 스스로 중요한 일을 결정할 수 있는 '주권'이 미치는 범위이지요. 이러한 우리나라의 영역에는 다른 나라가 절대 함부로 들어올 수 없답니다.

이중 영토는 한반도 전체와 한반도에 속해 있는 섬 모두를 말해요. 3,000여 개가 넘는 섬까지 포함하면 매우 다양하게 분포되어 있지요. 우리나라 영토의 동서남북의 끝은 각각 어디일까요? 북한까지 포함하였을 때, 우리나라 영토의 북쪽 끝은 함경북도 온성군 유원진이라는 곳이에요. 서쪽 끝은 평안북도 용천군 마안도라는 곳이고, 남쪽 끝은 제주특별자치도 서귀포시의 마라도랍니다. 그리고 가장 동쪽의 영토는 동해 바다에 떠 있는 독도예요.

 영토뿐만 아니라 영해와 영공도 영역에 포함돼요. 영해는 우리나라 영토 주변의 바다로 대체로 영해를 정하는 기준선으로부터 12해리(약 22km)에 해당한답니다. 이 기준선은 동해안과 서해안, 남해안마다 다른데, 섬이 적은 동해안은 썰물일 때의 해안선을 기준선으로 하고, 섬이 많은 서해안과 남해안은 가장 바깥에 위치한 섬들을 직선으로 그은 선을 기준으로 삼아요. 영공은 우리나라의 영토와 영해 위에 있는 하늘을 가리켜요. 영공은 표시할 수는 없지만 소중히 지켜야 하는 곳이랍니다.

 우리나라에서 제일 먼저 해가 뜨는 곳은 어디일까요? 흔히 독도라고 말하지만 사실은 독도의 동쪽 바다가 제일 먼저 해가 뜨는 곳이에요. 왜냐하면 독도의 동쪽 바다도 우리나라의 엄연한 영해이자 영역이기 때문이랍니다.

070

이어도는 섬일까요, 바위일까요?

우리나라 남쪽 끝의 영토는 제주특별자치도 서귀포시의 마라도예요. 그런데 이 마라도보다도 더 남쪽에 우리나라가 지배하는 또 다른 곳이 있다고 해요.

마라도에서 남서쪽으로 149km를 가면 발견할 수 있는 곳, 바로 '이어도'예요. 제주도 사람들의 옛 전설에 나오는 환상의 장소로 '파랑도'라고도 불리는 곳이죠. 1951년 당시 우리나라의 영토를 자세히 밝히는 임무를 수행하던 한국 산악회와 해군은 이 이어도를 방문해 탐사 후에 '대한민국 영토 이어도'라고 새긴 동판 표지를 이어도의 수면 아래에 가라앉히고 돌아왔어요. 오래전부터 이 이어도를 우리나라는 분명히 인식하고 있었던 거예요.

그런데 왜 우리나라 최남단의 영토가 '이어도'가 아닌 '마라도'일까요? 그 이유는 이어도의 모습에서 찾을 수 있어요. 이어도는 가장 높은 봉우리가 수면 아래로 약 4m가 잠겨 있는 수중 암초랍니다. 높이 10m 이상의 큰 파도가 치지 않는 이상 좀처럼 눈으로 볼 수 없어요. 1900년 영국의 배 소코트라호가 처음으로 발견한 이어도는 국제적으로는 '소코트라 암초'라고 불려요. 섬이 아닌 바위, 즉 암초이기 때문에 영토라고 부르지는 않아요.

하지만 우리나라는 이어도에 최첨단 장비를 갖춘 해양 과학 기지를 설립하고 해양과 기상 예보, 환경 자료 등을 수집하고 있답니다. 암초이지만 우리나라 주변 해역에 대한 정보를 얻는 데 중요한 곳이기에 국가에서 특별히 관리하고 있지요.

이어도는 우리나라의 배타적 경제수역이라는 바다의 경계 문제에 있어 중요한 곳에 위치한 암초예요. 비록 영토는 아니지만 우리가 앞으로도 꾸준히 애정 어린 관심을 갖고 보살펴야 하는 우리나라의 중요한 곳이랍니다.

제4장

정치와 경제, 세계와 우리나라는 서로 떨어질 수 있을까요?

071

일본은 왜 독도를 자기들 땅이라고 억지를 부릴까요?

"울릉도 동남쪽 뱃길 따라 87K, 외로운 섬 하나 새들의 고향…."

우리나라 사람이라면 대부분 알고 있는 이 노래는 우리의 소중한 영토인 '독도'를 노래하고 있어요.

독도는 울릉도에 사람이 살기 시작한 때부터 오랜 세월 우리 땅으로 굳건히 있어 왔어요. 이러한 내용은 《삼국사기》(1145년), 《세종실록지리지》(1454년) 등 수많은 기록에서 확인해 볼 수 있지요.

이렇게 확실한 우리나라 영토 독도를 일본은 왜 줄기차게 일본 땅이라고 억지 주장을 부리고 있을까요? 그건 바로 독도가 가진 가치 때문으로 추측할 수 있어요.

독도는 전략적 요충지이자 군사적으로도 매우 중요한 가치를 가지고 있어요. 또한 해양 교통안전, 어장 정보 등의 많은 정보를 줄 수 있는 곳이죠. 여러 수산 자원과 에너지 자원이

있는 곳이어서 경제적인 가치도 굉장히 크답니다. 괭이갈매기, 사철나무, 독도새우 등 다양한 동식물이 살고 있는 깨끗한 생태환경이기도 하지요.

독도가 일본 땅이라는 주장이 억지인 것은 여러 기록을 통해서 확인할 수 있어요. 대표적으로 1877년 당시 일본의 최고 행정기관이었던 태정관이 만든 '태정관지령'이라는 문서에 독도가 일본과 관계없음을 분명히 밝히고 있지요. 그리고 동판조선국전도, 신찬조선국전도 등에서도 독도가 조선의 영토임이 확실히 드러나 있죠. 이밖에도 독도가 우리 땅임을 나타내는 기록은 매우 다양해요. 일본의 억지 주장에 대해 독도가 왜 우리 땅임을 설명할 수 있도록 꾸준히 연구하고 공부해야 한답니다.

072

우리나라 지역 이름은 어떻게 만들어졌을까요?

왜 '경기도'는 경기도일까요? 인구 1천여만 명 이상이 사는 지역 경기도라는 이름은 언제부터 사용된 걸까요? 우리나라는 오래전부터 산이나 강, 호수, 바다 등 자연환경이나 도읍과 관련된 인문환경을 기준으로 지역을 구분해 왔어요. '경기'는 왕이 사는 도읍의 주변 지역을 뜻해요. '경(京)'은 서울을 뜻하고 '기(畿)'는 왕이 사는 성을 중심으로 500리 이내의 땅을 의미하는 글자죠. 그래서 경기 지방으로 불리던 것이 굳어진 거예요.

전라도 지역은 호남 지역으로도 불리지요. 호남 지역은 자연환경에서 유래된 이름이에요. 금강의 옛 이름은 '호수처럼 잔잔한 강'이라는 의미인 '호강'이었어요. 이 호강을 중심으로 몇몇의 지역 이름이 생겼는데, 호강의 남쪽이라는 뜻으로 지금의 전라도 지역이 호남 지역으로 불리게 되었답니다. 호서 지역 역시 호강의 서쪽이라는 뜻으로 생겼어요. 오늘날의 충청도를 가리키지요.

경상도 지역을 가리키는 별칭도 있어요. 영남 지방은 경상남도와 경상북도를 통틀어 가리키는 이름이에요. 경북 문경에 있는 문경새재를 조령이라고 하는데, 이 조령 고개 아래에 있다고 해서 영남 지방으로 불린 거예요. 비슷한 이유로 산이 많은 지역인 강원도는 영동 지방과 영서 지방으로 나누어지는데, 높이 약 800m의 높은 고개인 대관령을 기준으로 서쪽은 영서 지방, 동쪽은 영동 지방으로 불리지요.

북한 지역을 포함하면 우리나라 국토는 남북으로 길게 뻗은 큰 산맥과 하천을 중심으로 북부와 중부, 남부 이렇게 세 부분으로 나눌 수 있어요. 보통 지금의 북한 지역을 '북부 지방', 휴전선 남쪽으로 소백산맥과 금강의 하류 지역까지를 '중부 지방' 그리고 나머지 남쪽 지역을 통틀어 '남부 지방'으로 부른답니다.

'호남'이 호강 남쪽을 뜻한다는 거 알아?

그럼! 호강이 호수처럼 잔잔한 강이라는 뜻도 알지.

073

우리나라에는 특별시와 광역시가 모두 몇 개 있을까요?

지난 2012년 7월 1일, 우리나라에 특별한 행정 구역이 탄생했어요. 바로 '세종특별자치시'예요. 정부 청사 건물들이 모여 있는 세종특별자치시는 그 이름 자체가 매우 독특한데 우리나라 행정 구역의 한 형태라고 할 수 있어요. 정부가 직접 관할하는 특별자치시로서 기획재정부, 환경부 등 각 정부 부처들이 모여 있지요. 이와 비슷한 이름으로, '제주특별자치도'가 있어요. 흔히 제주도라고 부르는 제주특별자치도는 다른 도보다 더 높은 수준의 자치권을 갖고 있어요.

우리나라에는 다양한 행정 구역들이 있어요. 수도인 서울특별시와 대전, 부산과 같은 광역시 그리고 충청남도, 경기도와 같은 도가 있지요. 이중 광역시는 1995년에 처음 등장했는데 그전에 직할시였던 부산, 대구, 인천, 광주, 대전이 광역시가 되었어요. 이후 1997년에 경상남도 울산시가 광역시로 승격하면서 모두 6곳이 광역시가 되었답니다.

이런 우리나라 도의 현재 이름은 어떻게 정해졌을까요? 도읍의 주변 지역을 일컫는 의미로 생긴 경기도를 제외한 나머지 평안도, 황해도, 함경도, 강원도, 충청도, 전라도, 경상도 이름의 배경에는 특별한 이유가 있답니다.

조선시대에는 전국을 8개의 도로 나누고 각 지역에 관리를 파견해 돌보았는데, 지역의 주요 도시들을 중심으로 이름을 정했어요. 이때 정한 이름이 지금 도 이름의 기반이 되었지요. 이름을 보면 당시 발달했던 주요 도시들을 짐작할 수 있어요.

평안도는 평양과 안주, 황해도는 황주와 해주, 함경도는 함흥과 경성, 강원도는 강릉과 원주, 충청도는 충주와 청주, 전라도는 전주와 나주, 그리고 마지막으로 경상도는 경주와 상주의 앞 글자를 따서 만든 이름이에요.

074

수많은 강은 어디로 흘러갈까요?

우리나라에는 한강, 금강, 낙동강 등 자연환경을 멋지게 만들어내는 아름다운 강들이 유유히 흐르고 있어요. 이런 하천은 두 가지로 나뉘는데, '하'는 큰 강, '천'은 작은 강을 뜻한답니다. 크고 작은 강을 통틀어 뜻하는 하천은 보다 자세히 구분할 수도 있어요. 보통 바다로 흘러드는 한강이나 금강처럼 큰 물길은 '강'으로, 이런 '강'으로 흘러드는 작은 물길을 '천'이라고 불러요. 청계천, 방축천, 안양천 등이 그 예랍니다.

하천은 주로 높은 산악 지대에서 처음 시작돼요. 빗물과 지하수가 모여 처음 시작되는 물줄기는 겉으로 보기에는 초라할 수도 있지만 여러 작은 물줄기가 중력에 이끌려 점점 아래로 흘러 합쳐지면 거대한 모습으로 변한답니다. 강은 높은 곳에서 아래로 내려갈수록 그 양이 증가해 강한 에너지를 얻게 되지요. 흐르는 물의 무게로 인한 강한 충격, 그리고 물이 운반하는 자갈, 모래들이 부딪히고 깎여 강바닥을 깊게 파기도 하

죠. 강바닥뿐만 아니라 강기슭을 깎아 원래 있던 물길의 너비를 더 넓히거나 물길의 방향을 바꾸어버리기도 해요.

강은 바다를 향해 흐르면서 도중에 깎아서 생긴 물질들을 아래쪽으로 나르고 쌓아 평야를 만들어요. 그렇게 바다에 도착하는 긴 여정 동안 평야, 협곡 등 여러 자연 지형이 만들어지는데, 이것이 하천을 '지각 조형의 마술사'라고 부르는 이유랍니다.

우리나라의 큰 강들은 주로 서해나 남해로 흘러 들어가요. 태백산맥에서 시작되는 한강도 서쪽으로 흘러 서해로 들어가지요. 우리나라의 높은 산봉우리들은 동쪽에 치우쳐 있는데, 서쪽이 낮고 동쪽이 높다 보니 높은 곳에서 아래쪽으로 향하는 하천의 특성상 서해로 향하는 거랍니다.

075
우리나라의 섬은 유인도가 많을까요, 무인도가 많을까요?

우리나라는 섬이 많기로 유명해요. 삼면이 바다로 둘러싸인 우리나라는 특히 서해안과 남해안에 많은 섬이 밀집해 있어요. 비교적 단순한 해안선의 모습인 동해안과 달리, 서해안과 남해안은 들쭉날쭉한 모습의 해안선과 함께 많은 섬을 갖고 있답니다.

크고 작은 섬이 많아 '다도해'라고도 불리는 남해안에는 1981년 우리나라의 14번째 국립공원으로 지정된 다도해 해상 국립공원이 있어요. 면적이 2,344m^{2}나 되는 이곳은 우리나라 최대의 국립공원이기도 해요. 전라남도 여수 앞바다에서부터 홍도, 거문도, 흑산도 등 약 1,700여 개의 크고 작은 섬과 여러 기암괴석, 푸른 바다와 하늘이 멋지게 어우러진 경관을 자랑하는 곳이죠.

서해안 역시 많은 숫자의 섬이 있는데 섬뿐만 아니라 갯벌이 발달하기도 했어요. 서해안의 갯벌은 캐나다 동부 해안, 미국

동부 해안과 북해 연안, 아마존 강과 함께 세계 5대 갯벌로도 꼽히지요.

국가 통계 포털의 자료에 의하면, 우리나라 섬의 개수는 총 3,237개이고, 이중 유인도는 470개, 무인도는 2,767개라고 해요. 사람이 사는 유인도보다 무인도가 훨씬 많은 것이지요. 섬은 사람들이 이용할 수 있는 편의시설과 교통수단 등이 육지보다 부족해 무인도가 더 많이 존재하는 것으로 추측할 수 있어요.

그렇다면 사람이 사는 섬 가운데 가장 큰 섬은 어디일까요? 한라산과 유채꽃으로 너무나 유명한 제주도예요. 서울의 약 세 배 크기인 제주도는 수려하고 아름다운 경치를 자랑하지요. 섬 중에서 인구수도 가장 많답니다. 두 번째는 남해안에 있는 섬 거제도예요. 한국전쟁 당시 포로수용소가 있었던 역사의 현장이기도 하답니다.

076

적도 부근의 나라들은 모두 덥고 습할까요?

일기예보는 계절에 따라 특징적인 날씨를 알려주지요. 우리는 이 날씨를 통해 계절별 기후에 대한 정보도 얻을 수 있어요. 그런데 날씨와 기후의 차이는 무엇일까요? 날씨는 보통 짧은 기간의 대기 상태를 말해요. 아침에 일어나서 확인하는 오늘 날씨나 이번 주 날씨처럼 수시로 변하는 대기 상태를 설명하지요. 반면, 기후는 오랜 기간 한 지역에 나타나는 평균적인 대기 상태를 말해요. 오랜 기간에 걸친 날씨들을 모아 종합적으로 설명하는 정보랍니다.

우리가 기후를 이야기할 때는 기온, 그 지역에 내린 물의 양, 바람 등을 포함해요. 사계절이 나타나는 우리나라의 기후는 여름에는 무덥고 비가 많이 오며 남동쪽에서 덥고 습한 바람이 불고, 겨울에는 춥고 눈이 내리며 북서쪽에서 차갑고 건조한 바람이 불어온다고 할 수 있어요.

그렇다면 적도가 지나는 곳은 어떤 기후일까요? 아프리카 기니만 연안에 있는 나라인 카메룬의 기후는 전반적으로 열대 우림 기후의 성격을 띠고 있어요. 1년 평균 기온이 25~30℃에 이르고, 평균 강수량은 무려 1,500mm일 정도로 일 년 내내 덥고 비가 많이 내리지요.

물론 적도가 지나는 지역의 기후가 모두 카메룬처럼 덥고 습한 건 아니에요. 케냐의 킬리만자로산 정상은 적도 가까이 있지만 일 년 내내 흰 눈으로 덮여 있어요. 그 비밀은 바로 해발 고도에 있어요. 해발 고도가 100m 높아질 때마다 기온은 약 0.65℃씩 낮아진다고 해요. 킬리만자로산 높이가 5,895m나 되기 때문에 정상의 기온은 매우 낮아 눈이 녹지 않고 있는 것이죠. 이처럼 기온은 위도, 해발 고도 등의 특징들에 의해 다양하게 나타나기도 한답니다.

077

우리나라에서 장맛비가 가장 많이 내리는 곳은 어디일까요?

우리나라는 1년 평균 강수량이 약 1,300mm 정도로 세계 평균인 880mm보다 높은 편이에요. 일정한 장소에 일정 기간 내린 강우량(비)과 강설량(눈) 등을 모두 포함하는 강수량의 통계를 보면 상대적으로 많음을 알 수 있지요.

그런데 우리나라도 지역에 따라 강수량의 차이가 크답니다. 제주도나 남해안 지역은 연평균 강수량이 1,300mm 이상인 반면, 낙동강의 중상류 지역은 상대적으로 비가 적은 편이에요. 우리나라는 내륙 지역보다는 해안 지역이, 북쪽보다는 남쪽의 강수량이 더 많아요.

또 계절에 따른 강수량의 차이도 크답니다. 연평균 강수량의 절반 이상이 여름에 집중되어 있는데, 장마나 태풍의 영향으로 일시적으로 비가 많이 내려서랍니다. 우리나라 장마철은 약 한 달 정도로 장마전선이 오르내리며 많은 비를 뿌리지요. 기상청의 통계자료에 따르면 2007년부터 2016년까지 장맛비가 가장 많이 내린 곳은 제주도 서귀포시였어요. 2011년 장마 기간에는 무려 약 681mm의 비가 내렸어요. 반대로 장맛비가 가장 적게 온 지역은 경북 영덕으로 강수량이 연평균 202mm이었다고 해요. 영덕을 포함한 경북 지역의 강수량이 적은 편이랍니다.

  장마 기간뿐만이 아닌 1년 동안의 전체 평균 강수량의 통계를 살펴보면 가장 많이 내린 지역과 적게 내린 지역의 이름은 또 달라져요. 통계에 의하면 우리나라(남한) 연평균 강수량이 가장 많은 곳은 경상남도 거제로 약 2,007mm이며, 반대로 가장 적은 곳은 인천광역시 백령도로 약 826mm라고 해요.

078

미세먼지도 황사와 같은 자연재해일까요?

봄이 되면 우리를 찾아오는 불청객이 있어요. 바로 '황사'예요. 황사는 미세한 모래 먼지가 대기 중에 퍼졌다가 서서히 떨어지는 모래흙이에요. 황사가 심한 날은 프로야구 경기가 중단되고 항공기 운항이 늦춰지는 등 많은 문제가 일어나요.

중국의 황토 지대나 몽골의 사막 지대에서 생긴 모래 먼지가 편서풍을 타고 우리나라로 불어와서 생기는 황사는 아주 오랜 옛날부터 우리나라에 찾아왔어요. 가장 오래 된 황사 기록은 《삼국사기》에 나와 있어요. 신라의 아달라왕 21년(서기 174년)에 '우토(雨土)', 말 그대로 '흙비'라는 표현이 등장하지요.

황사를 포함하여 홍수, 가뭄, 태풍, 지진 등 우리가 피할 수 없는 자연현상으로 생기는 피해를 '자연재해'라고 해요. 자연재해는 시간이 흐르면 저절로 해결되는 일이 아니기에 미리 예방하고 피해를 최소화할 수 있도록 노력해야 해요.

황사와 더불어 우리를 괴롭히는 것이 또 하나 있어요. 바로

'미세먼지'예요. 머리카락보다 훨씬 작아 눈으로는 보이지 않는 미세먼지는 나도 모르는 사이에 입과 코를 통해 우리 몸으로 들어가 건강에 악영향을 끼치죠. 기관지, 코, 눈, 폐 등 수많은 신체기관에 손상을 줄 수 있어 무서운 존재예요.

이 미세먼지는 자동차의 배기가스, 공장 등에서 배출하는 매연 등에서 발생하기 때문에 자연재해로 분류하지는 않아요. 하지만 사람의 건강에 매우 안 좋은 영향을 미치기에 자연재해처럼 중요하게 다뤄지고 있어요.

황사나 미세먼지가 심한 날에는 외출을 자제하고, 어쩔 수 없이 외출했다면 돌아와서 손발을 깨끗이 씻어야 피해를 줄일 수 있답니다.

079

우리나라는 지진으로부터 안전할까요?

지진은 땅이 지구 내부의 힘을 받아 흔들리고 갈라지는 현상이에요. 비교적 짧은 시간 동안 넓은 지역에 걸쳐 일어나며, 학교, 병원, 도로 등 많은 시설이 파손되거나 무너지기도 해요. 지진은 지진만 일어나지 않고 지진해일(쓰나미)이 같이 일어나기도 하며 화재나 산사태 등 다른 재해가 함께 발생하는 경우가 대부분이에요.

그동안 우리나라는 지진으로부터 안전하다고 믿고 있었어요. 하지만 지난 2010년 이후 우리나라에도 지진이 많이 발생하고 있어 더 이상 안전하지 않은 곳이 되었답니다. 2000년대

에 들어서면서 매년 40회 이상 발생하던 지진은 2010년대에 들어서면서 횟수가 더 증가했고, 2016년에는 252회나 일어났어요.

특히, 2016년 9월에 우리나라 지진 규모를 과학적으로 측정한 이래 가장 강력한 규모인 5.8의 지진이 경북 경주 지역에서 일어났어요. 지진 규모 5 정도일 때 건물 벽에 금이 갈 정도의 피해가 생기는 것을 생각하면 엄청난 지진이었죠. 그리고 2017년에도 경북 포항 지역에서 규모 5.4의 큰 지진이 발생했어요.

이제 우리나라도 더 이상 지진의 안전지대에 속한다고 볼 수 없어요. 그러니 안전에 대한 철저한 준비가 꼭 필요하답니다.

080

태풍은 우리에게 어떤 피해를 줄까요?

매년 여름이 되면 우리나라에는 태풍이 찾아와 큰 피해를 주지요. 적도 부근 북서태평양 필리핀 인근 해역에서 만들어져 우리나라 쪽으로 이동해 오는 태풍은 강력한 폭풍우를 동반하며 1초에 최대 17m 이상의 빠른 풍속으로 접근한답니다. 1년 평균 27개 정도의 크고 작은 태풍이 발생하지요.

열대성 저기압인 태풍은 발생하는 해역에 따라 이름이 달라져요. 북대서양과 카리브해 등에서 발생하는 열대성 저기압은 '허리케인', 인도양과 아라비아해 등에서 발생하는 열대성 저기압은 '사이클론', 호주 부근의 남태평양에서 발생하는 것은 '윌리윌리'로 부르지요.

우리나라에는 1년에 평균 3개 정도의 태풍이 지

살려 줘라, 냥.

나가는데, 주로 7~10월 사이에 많아요. 여름에 만나는 태풍은 특성상 매우 강한 비바람을 일으킨답니다. 특히 태풍의 중심 부근 지역에는 많은 비와 바람으로 큰 피해를 주기도 해요. 너무 많은 비가 한꺼번에 내려 하천이 범람해 홍수가 발생하기도 하고, 강한 바람에 나무가 쓰러지거나 뽑히기도 하죠. 건물 유리창이 깨지거나 가게 간판이 뜯겨 날아가기도 해요. 갑작스러운 돌풍이나 급류 등으로 안타까운 인명 피해가 일어날 때도 있어요.

  그렇다고 태풍이 사라져야 할 아주 나쁜 것만은 아니랍니다. 태풍은 지구의 공기를 순환시키는 역할을 해요. 적도 부근의 더운 공기를 북쪽으로 흩뿌려 놓으면서 지구의 공기 온도를 적절하게 유지하는 데 도움을 주죠. 그리고 가뭄으로 생긴 물 부족을 해결해 주기도 해요. 또한 거센 바람은 바닷물이 위아래가 섞이도록 해 바다의 생태계를 활성화시키는 효과가 있답니다.

081

엘리베이터를 탔는데 지진이 난다면 어떻게 하나요?

자연재해는 인간의 힘으로는 어떻게 할 수 없을 때가 많아요. 태풍, 한파, 황사, 지진, 폭염 등 다양한 유형의 자연재해들이 불시에 우리의 안전을 위협하기도 하지요. 최근에는 지구온난화로 전 세계에 이상기온 현상이 나타나고 있어요. 우리나라도 여름철에 하루 최고 기온이 33℃ 이상으로 올라가는 폭염으로 인해 사상자가 나올 정도로 무서운 자연재해로 자리 잡고 있답니다.

폭염과 함께 그 빈도수가 증가하는 대표적 자연재해인 '지진' 역시 우리나라에서도 언제든 일어날 수 있는 상황이 되었어요. 정부는 건물을 지을 때 지진에 잘 견딜 수 있도록 보다 꼼꼼히 규정을 만들기 시작했지요. 이를 내진설계라고 하는데, 우리나라 기준은 1988년 이후 점차 강화되어 2017년에는 2층 이상, 면적 500m^2 이상 건물에는 반드시 내진설계를 하도록 강화됐어요.

아파트나 빌딩 등 수많은 건물에서 생활하는 우리는 높은 층에 올라가기 위해 엘리베이터를 이용해요. 그런데 엘리베이터를 이용할 때 지진이 일어난다면 어떻게 할까요? 이럴 때는 즉시 모든 층의 버튼을 눌러 가장 먼저 열리는 층에서 내린 후 계단을 이용하여 대피해야 해요. 이때 떨어지는 물체로부터 머리를 보호하며 질서 있게 대피해야 하죠.

건물 안이 아닌 등하교 시에 지진이 난다면 그때는 건물과 떨어진 운동장이나 공원 같은 넓은 곳으로 대피해야 해요. 그리고 마찬가지로 대피하는 내내 머리를 보호해야 하지요.

지진뿐만 아니라 홍수, 태풍, 한파, 폭염 등 자연재해마다 그에 맞는 대처방법과 안전수칙이 존재해요. 이런 안전수칙들을 잘 익혀 필요할 때 제대로 실천하는 것이 중요하답니다.

082

우리나라가 만약 100명이 사는 마을로 축소된다면요?

2019년 기준, 우리나라에는 약 5,180만 명이 살고 있다고 해요. 세계 28위의 인구수를 자랑하고 있지요. 이런 우리나라 인구수를 100명으로 축소하면 어떻게 될까요? 2015년 인구 주택 총 조사를 바탕으로 축소한다면, 인구 100명 중 50명은 여자, 50명은 남자로 여자와 남자의 수가 거의 비슷하죠. 그리고 100명 중 3명은 외국인이며, 나머지 97명은 내국인이에요. 또 수도권 지역에 50명이 살고, 수도권을 제외한 지방에 50명이 살아요.

나이에 따라 나누어보면 100명 중 14세 이하의 어린이는 14명, 65세 이상 노인은 13명, 그 사이 나이가 73명이라고

할 수 있어요. 아이가 태어나는 수는 1년에 1명이고, 죽는 사람의 수는 2년에 1명 정도여서, 2년 뒤에 100명이 사는 마을의 인구수는 101명이 되지요.

어린이의 숫자가 100명 중 14명 정도라는 것은 그만큼 현재 우리나라의 어린이 인구 비율이 높지 않다는 것을 나타내요. 대신 65세 이상의 노인 인구가 많이 늘어났는데, 2000년에 전체 인구의 약 7%를 넘어서면서 고령화 사회로 들어섰어요. 그리고 2017년에는 14%가 넘는 고령사회에 접어들었고, 이 추세라면 전체 인구의 20% 이상이 65세 이상인 초고령 사회에 들어설 것으로 예상되고 있어요.

아이가 적어지면 전체 인구수는 물론이고 우리나라 경제에도 큰 문제가 생길 수 있어요. 점차 일할 수 있는 젊은 사람의 수가 적어지기 때문이랍니다.

083

우리나라에서 출생아 수가 가장 적은 곳은 어디일까요?

산업화가 이루어지기 전인 1960년대는 벼농사가 중심인 사회여서 기후가 온화하고 농사짓기 쉬운 평야 지역에 사람들이 많이 모여 살았어요. 그래서 일정한 넓이 안에 사는 인구수를 나타내는 '인구밀도' 또한 평야 지역이 다른 지역보다 더 높았어요.

하지만 도시를 중심으로 산업화가 이루어지고 제조업, 서비스업 등 다양한 산업들이 발전하면서 사람들은 일자리가 많고 교육 서비스, 문화 혜택 등이 많은 대도시로 이동했어요. 그 결과, 서울, 경기, 부산 등 대도시의 인구밀도는 급격하게 높아졌고, 산지나 농어촌 지역의 인구밀도는 현저하게 낮아졌어요.

특히 많은 교육 혜택을 누릴 수 있는 대도시 특성상 14세 이하의 유소년층 인구가 많이 몰리게 되었어요. 반면 촌락 지역은 노년층 인구 비율이 높아지게 되었지요. 이러한 인구의 지역별 불균형은 오늘날까지도 이어지고 있어요.

우리나라의 여러 시군구 지역 중 출생아의 수가 가장 적은 곳은 어디일까요? 지난 2016년 기준, 우리나라(울릉도 제외)에서 태어난 아기 수가 가장 적은 곳은 경상북도 영양군이었어요. 2016년 74명의 아기가 태어난 영양군은 사망자 수보다 출생아 수가 적어 총인구수도 적어졌어요. 영양군뿐 아니라 출생아 수가 적은 군위, 음성 등의 촌락 지역들은 앞으로도 인구수가 줄어들 가능성이 높아요.

　도시와 촌락의 인구 분포가 이렇게 고르지 못하고 불균형이 지속된다면 앞으로 여러 문제가 발생할 가능성이 크지요. 도시에는 교통 혼잡, 환경오염 등 문제가 심각해지고, 촌락에서는 일손 부족, 의료시설 부족 등의 문제가 생길 수 있어 대책 마련이 필요하답니다.

084

세계 여러 나라 사람들은 주로 어디에 많이 모여 살까요?

우리가 사는 지구의 면적은 약 5.16억km²라고 해요. 엄청난 크기죠? 하지만 이 엄청난 넓이의 지구 면적 중 72%인 3.74억km²는 바다예요. 그러니 인간이 살 수 있는 육지는 1.42억km² 밖에 되지 않지요. 이 육지 면적도 인간이 살기에 모두 적합한 것은 아니에요. 육지 면적의 약 60%가 인간이 살기에는 좋지 못한 환경이랍니다.

세계 인구는 2019년 기준 약 77억 명으로, 이 세계 인구의 약 $\frac{2}{3}$가 해안선으로부터 500km 이내에 살고 있어요. 해안선과 가까운 지역에 세계 여러 나라 사람이 산다고 말할 수 있지요. 세계 인구의 약 60%가 해안 지방을 중심으로 한 평야 지대에 산다는 것은 해안 지방이 바다의 영향으로 기후가 온화하고 여러 자원이 풍부하다는 것을 말해주지요.

세계 여러 나라는 나라마다 서로 다른 인구수를 가지고 있어요. 1억 명이 넘는 나라도 있고, 1,000명이 채 되지 않는 나라도 있지요. 인구수가 가장 많은 나라는 약 14억 명의 중국이에요. 2위는 역시 약 13억 명의 엄청난 인구수를 자랑하는 인도랍니다. 그 뒤가 3억 명이 넘는 미국, 2억 6천만 명이 넘는 인도네시아가 그 뒤를 잇고 있어요.

전체 인구수가 아닌 인구밀도로 비교하면 순위가 좀 달라지지요. 마카오, 싱가포르, 바레인, 우리나라 등이 인구밀도가 높은 나라로 꼽히고 있어요.

반대로 세계에서 인구가 가장 적은 나라는 어디일까요? 약 1,000여 명의 인구가 사는 바티칸 시국이에요. 이탈리아 로마 안에 있는 작은 나라로 교황청이 있으며, 나라 자체의 크기도 매우 작답니다.

나도 여기에 살 거야!

085
우리나라의 도시들은 어떻게 발전해 왔을까요?

1960년대에는 도시 숫자와 인구가 오늘날처럼 많지 않았어요. 그러나 경제가 발전하면서 일자리가 많은 도시로 사람들이 이동하기 시작해 서울, 부산, 인천, 대구 등 도시 인구가 급격하게 늘어났지요. 그 가운데 특히 우리나라의 수도, 서울에는 엄청난 인구가 집중하게 되었어요. 서울이라는 좁은 땅에 너무 많은 사람이 몰리다 보니 나라에서는 고민이 깊어질 수밖에 없었어요.

인구 몰림 현상에 따른 문제점을 해결하기 위해 주변 지역에 신

서울만 발전시킬 수는 없지!

도시를 건설해 인구와 기능을 분산하려고 했어요. 또한 국토를 보다 균형적으로 발전시키고자 수도권에 집중되어 있던 공공기관을 지방으로 옮겨 그 주변이 발전하도록 하였지요. 이러한 노력으로 우리 국토는 조금씩 균형적인 모습을 갖추게 되었어요.

우리나라의 도시는 주로 평야 지역과 해안 지역에 발달한 경우가 많아요. 평야 지역은 땅이 편평해 논과 밭을 만들기가 쉬웠고, 또 하천이 흘러 물을 쉽게 끌어올 수 있다는 장점이 있었어요. 또한 평야 지역은 도로와 철도, 공항을 건설하고 주택가와 공장이 들어서기에도 좋았지요. 서울특별시, 광주광역시, 대구광역시 등이 이렇게 평야에 발달한 도시예요.

해안 지역도 도시 발달에 유리했어요. 배가 드나들기 좋고 물고기, 조개류 등 수산자원이 풍부한 해안 지역은 항구가 발달해 수입과 수출이 유리하여 공업이 성장하기 좋았지요. 인천, 부산, 울산 등이 이 해안 지역에서 발달한 도시랍니다. 하지만 교통과 산업이 발달하면서 큰 도시로 발전한 사례도 있어요. 대전, 천안, 익산 등은 철도가 놓이면서 큰 도시로 발전한 곳이고, 구미, 포항 등은 공업 단지가 들어서면서 크게 발전한 곳이랍니다.

전 세계인이 약속한 어린이 권리 보호가 있다고요?

사람은 누구나 태어나면서부터 '인간답게 살 권리'라는 것을 갖게 돼요. 이 '인간답게 살 권리'는 어떠한 이유로도 침해를 받아선 안 돼요. 사람이기 때문에 당연하게 누려야 하는 이 인권은 성별, 나이, 나라, 종교, 문화, 재산, 직업 등 모든 것과 상관없이 누구나 존중받아야 할 권리랍니다.

어린이도 예외는 아니에요. 그래서 국제연합(UN)에서는 어린이들의 인권을 보호하기 위한 약속인 '유엔 아동권리협약'을 만들었어요. 세계 여러 나라가 한데 모여 만 18세 미만의 어린이와 청소년이 누려야 할 권리를 보호하고자 함께 만든 약속이에요.

이 유엔 아동권리협약은 아동을 단순히 보호받아야만 하는 대상이 아닌, 인간이 누릴 권리를 자유롭게 누릴 수 있어야 하는 대상으로 정하고 있어요. 생존의 권리, 보호의 권리, 발달의 권리, 참여의 권리가 바로 어린이들이 당연히 누려야 할 권리들이에요.

　여기서 생존의 권리란 살아가는 데 꼭 필요한 것들이 적절히 주어져야 함을 가리켜요. 보호의 권리는 어린이가 힘든 노동을 하거나 학대를 받지 않아야 한다는 내용을 담고 있어요.

　발달의 권리는 어떤 내용일까요? 어린이는 학교에 가서 공부와 운동을 하고, 재미있는 여가 시간을 즐기면서 성장해야 하지요. 발달의 권리가 지켜져야 자연스레 어린이들이 교육과 문화의 권리를 누릴 수 있기에 이 권리 또한 중요하게 명시되어 있어요.

　마지막으로 참여의 권리가 있어요. 참여의 권리는 어린이가 자신에게 영향을 미치는 문제에 대해 자유롭게 말할 수 있는 권리를 가리켜요. 어린이라고 무조건 의견을 무시당하지 않고 당당하게 의견을 내세우며 참여할 수 있는 권리랍니다.

087

사람들은 어떻게 인권을 지켜왔을까요?

사람이라면 당연히 누려야 할 인권이지만 오랜 역사를 통틀어 봤을 때, 잘 지켜지지 않았던 때가 더 많았어요. 특히 신분이 정해져 있던 시절에는 아주 많은 차별과 핍박이 이루어졌죠.

그러나 많은 사람이 당연하다고 생각했던 그 당시에도 차별과 핍박에 대해 문제를 제기하던 이는 존재했어요. 《홍길동전》을 지은 허균도 그중 하나예요. 조선시대였던 당시는 양인과 천인으로 나누어진 신분제도로 차별과 천대가 흔하게 일어나고 있었어요. 허균은 양반 신분이었지만 《홍길동전》을 써서 당시의 불합리한 신분 제도를 날카롭게 비판했어요.

소파 방정환도 인권 신장을 위해 노력한 대표적인 인물이에요. 많은 사람이 어린이를 어른들의 소유로 생각하고 인권을 무시할 때 홀로 어린이를 업신여겨서는 안 된다고 주장했어요. 방정환은 모든 어린이와 꿈과 희망을 품고 행복하게 자랄 수 있도록 '어린이날'을 만들기도 했어요.

 우리나라뿐만 아니라 외국에서도 인권을 위해 노력했던 이들이 참 많이 있어요. 인도의 테레사 수녀는 가난한 사람과 고통받는 아이들을 사랑으로 돌보는 데 앞장섰어요. 검은 수녀복 대신, 인도에서 가장 미천한 여성들이 입는다는 흰색 사리를 입고 평생을 헌신한 그녀를 아직도 많은 사람이 '빈민의 성자'로 추앙하고 있지요.

 미국의 마틴 루서 킹 목사 역시 백인으로부터 차별받는 흑인들을 위해 앞장섰던 흑인 인권 운동가예요. 그는 흑인들의 인권이 지켜지도록 평화적인 방법으로 많은 노력을 기울였답니다.

 인권 활동을 위해 노력했던 이러한 수많은 영웅 덕분에 우리들의 인권은 나날이 성장할 수 있었어요. 그들의 희생과 업적은 아직도 많은 사람의 기억 속에서 살아 숨 쉬고 있답니다.

088

내가 원한다면 이름을 바꿀 수 있을까요?

낄낄, 이름이 그게 뭐야.

헌법은 대한민국 국민이 누려야 할 권리와 지켜야 할 의무에 대해 자세히 담고 있어요. 이 헌법 밑에는 법률, 규칙 등 수많은 그 외의 법들이 있지요.

헌법에 국민의 권리가 제시되어 있는 것은 그만큼 국민의 권리가 중요하기 때문이에요. 함부로 국민의 권리가 침해되는 경우가 생기지 않도록 헌법으로 보호하려는 것이죠.

헌법에 나타나 있는 국민의 권리 중에는 행복 추구권이라는 것이 있어요. 국민이 누구나 행복을 추구할 수 있음을 보장하는 권리예요. 이 권리를 보장해 주기 위하여 충분한 이유가 있을 경우에 한해 법원에서 이름을 바꾸는 것을 허용하고 있어요.

어릴 때 지어진 이름으로 주변 사람으로부터 꾸준히 놀림을 받는다거나, 너무도 희귀한 글자여서 잘못 읽히는 등 납득할 만한 이유가 있을 때는 적절한 심사를 거쳐 그 사람의 이름을 바꾸어준답니다.

하지만 이름을 바꾸려는 이유가 나쁜 목적을 가졌다면 허용하지 않을 수 있어요. 예를 들어 나쁜 범죄를 저질렀던 사람이 범죄를 숨기거나 새로운 범죄를 일으키기 위하여 신청하면 엄격한 확인을 거쳐 거부하지요. 헌법에 명시되어 있는 행복 추구권은 말 그대로 더 나은 행복을 얻기 위해서만 적용될 수 있기 때문이에요. 헌법은 행복 추구권 이외에도 자유권, 평등권 등 우리 국민이 가져야 할 기본적인 권리들을 분명하게 보장하고 있어요.

헌법은 국가를 운영하는 데 가장 기본이 되는 중요한 내용을 담고 있기에 만약 이를 새로 정하거나 바꾸어야 할 때에는 국민 투표를 해요. 국가의 중요한 일을 정할 때는 누군가가 일방적으로 정하는 것이 아니라 전체 국민의 뜻을 모아서 정해야 하기 때문이랍니다.

089
남자에게만 국방의 의무가 있을까요?

헌법에는 권리와 동시에 반드시 지켜야 할 의무를 함께 정해 놓고 있어요. 누리려는 권리가 있다면 나라를 위해 지켜야 할 것도 있기 때문이지요.

헌법에는 교육의 의무, 납세의 의무, 근로의 의무, 국방의 의무, 환경 보전의 의무 등 반드시 지켜야 하는 여러 의무가 제시되어 있어요.

우리가 학교에서 마음 편히 공부할 수 있는 것은 교육의 권리를 누리는 것과 동시에 교육의 의무를 실천하는 것이에요. 마찬가지로 환경 보전의 의무, 근로의 의무 또한 국민의 기본권이자 의무라고 할 수 있어요. 모든 국민은 개인과 나라의 발전을 위해 일할 의무가 있음을 나타내는 근로의 의무는 자유권, 사회권 등 국민의 기본권과 연결되기도 하지요.

납세의 의무는 어떤 의무일까요? 납세란 세금을 낸다는 뜻이에요. 모든 국민은 나라에 세금을 내야 해요. 국민들이 낸 세금으로 나라에 필요한 일들을 추진한답니다. 만약 국민들이 세금을 내지 않는다면 나라를 운영하는 데 어려움을 겪을 수밖에 없을 거예요.

국민의 의무 중 국방의 의무는 군대를 가는 남자들만 지고 있는 것일까요?
국방의 의무를 병역의 의무와 착각하기 쉬워요. 군대를 가는 병역의 의무는 국방의 의무 중 일부예요. 따라서 우리나라 여자는 병역의 의무는 없지만 전시에 구조, 복구 활동 참여 등 다른 형태로서 국방의 의무를 지고 있답니다.

똑같은 대한민국의 국민으로서 남자와 여자 모두 국방의 의무를 지고 있는 거예요. 전쟁과 같은 위급상황이 생기면 남녀 모두가 나라를 지키기 위해 여러 방법으로 발 벗고 나서야 하는 이유랍니다.

정치는 정치인만 하는 일인 걸까요?

TV 속 뉴스를 통해 우리는 정치인들이 정치하는 모습을 자주 볼 수 있어요. 국회를 비롯한 여러 회의장에서 우리나라의 중요한 일들을 의논하는 모습을 많이 관찰할 수 있지요. 그런데 이 '정치'가 정치인들만 하는 특별한 일이 아니라 누구나 일상 속에서 하는 일이라면 과연 정말일까요?

우리가 하루의 대부분을 보내는 곳 중 하나가 바로 학교예요. 이 학교에서 우리는 놀랍게도 이미 정치를 하고 있답니다. 반에서 주기적으로 하는 학급회의를 떠올려보면 쉬워요. '청소 구역 정하기'나 '일 년 동안 학급에서 지켜야 할 규칙 정하기' 등을 주제로 학급회의를 열고, 각자의 의견을 내 합의점을 찾아가는 일들이 모두 생활 속 정치의 모습이랍니다.

여러 사람이 함께 살아가다 보면 다양한 문제가 생길 수 있어요. 이러한 문제를 원만히 해결해 나가는 과정을 우리는 '정치'라고 해요. 정치는 국회, 정부 등의 정해진 곳에 있는 사람들만 하는 것이 아니라 생활 속 우리 누구나 하는 일이에요.

집에서 하는 가족회의도 한 예예요. 가족회의에서 집에 반려동물을 기르자는 의견이 나왔다면 이에 대해 아빠, 엄마, 동생 등 각자 생각이 다를 수 있어요. 반려동물을 키우면 함께 산책도 나가고 즐겁게 놀 수도 있지만, 목욕을 시키거나 밥을 주는 등 하지 않던 일이 생길 수 있기 때문이에요. 모두가 만족할 수 있는 합의점을 찾아가는 것이 바로 정치랍니다.

정치의 모습은 매우 다양해요. 학교의 전교어린이회의, 마을에서 이루어지는 주민회의, 그리고 환경보호를 위해 시민단체가 활동하는 모습 등도 모두 생활 속 정치 모습이랍니다.

091
민주주의의 꽃, 선거가 궁금하다고요?

어떤 중요한 일을 결정할 때, 누구나 평등하게 참여하려면 어떻게 해야 할까요? 학급에서 이루어지는 학급회의에는 학급구성원 모두가 참여할 수 있어요. 하지만 전교어린이회의만 하더라도 전교생이 참석해서 회의를 하는 건 쉽지 않아요. 인원이 많은 학교는 전교생이 모두 모여 각자의 의견을 내기에는 시간과 공간 마련의 어려움이 있기 때문이에요.

이는 마을, 지역, 전국으로 범위가 커질수록 더 힘들어지지요. 따라서 우리나라와 같은 민주주의 사회에서는 모든 이가 직접 정치에 참여하지 않고, 자신의 뜻을 전달할 수 있는 대표자를 뽑아 그 사람에게 뜻을 대신 전달하게 한답니다. 이를 '간접민주정치'라고 해요. 나를 대신할 대표자를 올바르게 뽑기 위해서는 공정하고 효율적인 방법이 필요하지요.

민주주의 사회에서는 공정한 '선거'를 통해 국민이 직접 대표자를 뽑는답니다. 우리 학급을 대표할 임원을 우리 손으로 직

접 뽑는 학급임원 선거처럼 말이에요. 공정한 선거가 이루어질 수 있도록 몇 가지 중요한 원칙도 만들어졌어요.

　선거하는 날을 기준으로 만 18세 이상의 국민이면 누구나 투표할 수 있는 '보통 선거', 누구나 똑같이 한 사람이 한 표만 투표할 수 있는 '평등 선거', 자신이 직접 투표하는 '직접 선거', 마지막으로 누구에게 투표했는지 다른 사람이 알 수 없게 비밀을 지키는 '비밀 선거', 이렇게 네 가지 원칙이에요.

　선거는 우리나라의 미래를 결정하는 매우 중요한 과정이에요. 뽑힌 사람과 뽑은 사람 모두가 민주주의의 주인이기 때문이에요. 선거가 '민주주의 꽃'이라 불리는 이유가 여기 있답니다.

092

다수결은 언제나 옳은 방법일까요?

매일 점심시간이 되면, 친구들이 급식을 먹기 위해 길게 줄을 서요. 한꺼번에 몰리다 보니 사소한 다툼이 일어나기도 하지요. 그래서 학급회의를 열어 '급식을 먹는 순서 정하기'를 논의한다면, 친구들은 각자 가진 서로 다른 생각들을 쏟아낼 거예요. 의견이 다양할수록 합의점을 찾기는 쉽지 않지요. 그래서 합의점을 찾지 못할 경우 사람들은 다수결의 원칙으로 문제를 해결할 때가 많아요. 다수결의 원칙이란, 다수의 의견이 소수의 의견보다 더 나을 것으로 가정하고, 다수의 의견을 따라 문제를 해결하는 방법이에요.

이 다수결은 항상 옳은 방법일까요? 많은 사람이 선택하고 따르는 의견이라도 합리적이지 않을 때도 있어요. 소수의 의견을 무시하고 더 많은 수의 의견을 무조건 따를 경우 이른바 '다수의 횡포'라고 불리는 부작용을 겪을 수 있답니다.

이러한 경우는 역사에서도 실제 있었어요. 기원전 399년,

위대한 철학자 소크라테스는 아테네의 신들을 부정하고 젊은 이들을 나쁜 길로 인도했다는 이유로 체포되었어요. 당시 아테네의 법정에서는 다수결로 재판 결과가 결정되었는데, 70%가 넘는 수로 소크라테스의 사형이 결정되었다고 해요.

이뿐만이 아니에요. 이탈리아의 유명한 과학자 갈릴레이 또한 지구가 태양 주변을 돈다는 '지동설'을 주장해 종교재판에 넘겨졌어요. 당시는 모든 천체가 지구를 중심으로 돈다고 생각했기에 갈릴레이를 이상한 사람으로 여겼던 거예요. 잘못된 많은 사람의 생각이 한 사람을 궁지에 몰아넣었던 거지요.

역사에도 나타난 것처럼 다수의 의견이 항상 옳은 것은 아니에요. 그렇기 때문에 다수결의 원칙을 따르되, 소수의 의견도 항상 존중되어야 한답니다.

093

국회는 무슨 일을 하는 곳일까요?

국회는 국민의 대표인 국회의원이 나라의 중요한 일을 의논하고 결정하는 곳이에요. 법을 만드는 일을 포함하여 법을 고치거나 없애기도 하지요. 사실 법은 민주주의 국가에서 일어나는 많은 문제를 해결하는 기준이 되기에 매우 중요해요. 그래서 법을 만들거나 고치고 없애는 일이 국회의 가장 중요한 일이랍니다.

국회에서는 법을 만들어내는 일만 이루어질까요? 법을 만들어내는 일 이외에도 더 많은 일이 이루어지지요. 국회에서는

나라의 살림에 필요한 예산을 토의하여 적절한지 판단해요. 사업에 알맞게 필요한 돈이 잘 계획되었는지, 불필요하게 세금이 사용되지는 않을지 등을 깊이 의논하고 예산을 확정하는 일을 한답니다.

예산을 심의하여 확정하는 일까지 국회에서 하는 이유는 국회의원의 성격에서 찾을 수 있어요. 나라에서 쓰이는 예산은 대부분 국민이 힘들게 낸 세금으로 마련되기 때문에 국민이 뽑은 대표인 국회의원이 이 일을 하는 것이죠. 만약에 예산이 함부로 쓰이는데도 이를 잘 살피지 않는다면, 국민이 낸 세금이 낭비될 수 있기 때문이에요.

국회에서 하는 일은 더 있어요. 바로 정부에서 법에 따라 일을 잘하고 있는지를 확인하는 '국정감사'예요. 공무원이 하는 나랏일 가운데 궁금한 점을 국민을 대표해 질문하고 답변을 듣기도 하며, 만약 잘못한 일이 있으면 바로잡도록 요구하기도 하지요.

국회에서 하는 일은 우리와 전혀 상관없는 일이 아니라 일상생활에 아주 중요한 영향을 미치는 일이랍니다. 우리가 정치에 더 많은 관심을 가져야 하는 이유라고 할 수 있어요.

094

정부기관들은 어떤 일을 할까요?

정부는 법에 따라 나라의 살림을 맡아 하는 곳이에요. 대통령을 중심으로 국무총리와 여러 개의 부와 처, 청, 위원회들로 구성되어 있지요. 기획재정부, 교육부, 문화체육관광부 등 수많은 부와 국가보훈처, 법제처, 국세청, 행정중심복합도시건설청, 국민권익위원회, 공정거래위원회 등이 그 기관들이에요.

모든 정부 조직의 중심에는 대통령이 있어요. 대통령은 외국에 대해 우리나라를 대표하며, 정부의 최고 책임자로 나라의 중요한 일을 결정해요. 그리고 국무총리는 대통령을 도와서 각 부를 관리하며, 대통령이 특별한 이유로 일을 하지 못하거나 외국에 나가 있을 때는 대통령의 임무를 대신하지요.

각 부에는 장관과 차관 그리고 많은 공무원이 있어, 우리 국민들의 행복과 안전을 위해 여러 가지 일을 해요. 또한 여러 처와 청, 위원회의 많은 공무원도 마찬가지로 열심히 일하고 있지요.

대통령과 국무총리, 장관은 어떻게 누가 되는 것일까요? 대통

령은 5년마다 한 번씩 국민들이 직접 투표하여 뽑아요. 나라를 대표하는 인물인 만큼 아주 신중하게 뽑아야 한답니다.

국무총리는 대통령이 국회의 동의를 얻어 직접 임명해요. 대통령의 명을 받아 중앙행정기관 전체를 지휘, 감독하는 자리이기 때문에 아주 중요한 자리라고 할 수 있어요.

장관도 대통령이 직접 임명해요. 각 분야에서 전문가로 자리 잡은 사람을 주로 임명하지요. 해당 부서를 책임지고 이끌어야 하기 때문에 뛰어난 능력과 함께 책임감도 강해야 하죠.

정부 역시 우리의 일상생활에 중요한 영향을 미치고 있어요. 국민이 편리하고 행복한 생활을 할 수 있도록 여러 면에서 돕고 있답니다.

재판은 왜 하는 것일까요?

우리 사회에서는 매일 크고 작은 여러 갈등이 생긴답니다. 이 중 서로 원만히 해결 못 하는 수준의 갈등은 누군가 해결에 도움을 주어야 하는데, 이 역할을 하는 곳이 바로 '법원'이에요.

법원에서 해결하는 갈등의 종류는 굉장히 많아요. 예컨대 시청에서 하는 도로공사로 인해 집의 담이 부서졌거나 층간소음 같은 예민한 문제로 이웃 간 다툼이 커졌을 때, 또한 누군가를 때렸거나 물건을 훔치는 등 법을 어겼을 경우 법원은 갈등을 조정하고 문제를 해결한답니다. 또한 개인과 국가 간의 갈등, 기업과 소비자 간의 갈등, 시와 도 같은 지방 자치 단체끼리의 갈등도 해결하고 있어요.

법원에서는 판사, 검사, 변호인, 원고인, 피고인, 증인, 방청인 등이 함께 재판에 참여해요. 재판을 판결하는 판사, 재판을 요구한 원고, 원고의 상대방인 피고, 원고와 피고를 변호하는 변호인, 그리고 범죄 사건을 수사하고 범죄가 의심되는 사람에게 재판을 받게 하는 검사 등이 재판에 함께 한답니다.

법은 모든 사람에게 공정하고 엄격하게 적용되어야 해요. 국민의 자유와 권리를 지켜주기 위하여 법원은 어디로부터도 간섭받지 않아야 하고 법을 심판하는 판사들도 공정하게 판결해야 하지요. 이를 위해서 우리나라에서는 모든 재판 과정과 결과를 국민에게 공개하고 있어요. 또한 한 사건을 원칙적으로 세 번까지 재판 받을 수 있도록 하는 3심 제도를 두고 있답니다.

한편, 국회에서 만드는 법률은 기본법인 헌법의 영향을 받고 있어요. 만약 법률이 헌법에 어긋나지 않는지 판단해야 할 때는 헌법재판소라는 곳을 거친답니다. 아홉 명의 재판관 중 여섯 명 이상이 찬성을 하면 결정이 이루어져요.

096

대통령에게는 어떤 권한이 있을까요?

 세계 많은 나라가 오늘날 민주주의에 따라 정치를 하고 있지만 나라마다 역사와 문화가 다르기 때문에 정부의 모습도 다 달라요. 태국이나 영국, 일본처럼 아직 왕이 있는 나라가 있고, 미국처럼 캘리포니아, 텍사스 등 나라 안에서 나누어진 여러 주 정부의 힘이 강한 곳도 있어요. 이처럼 나라마다 정치하는 모습은 서로 다르지만 대부분 민주 국가라는 공통점은 분명히 있어요. 법을 만드는 입법부, 법에 따라 나라 운영을 맡는 행정부, 법에 따라 심판하는 사법부가 있다는 점은 대부분 같아요.

 그럼 입법부와 행정부, 사법부가 많은 나라에 존재하는 이유는 무엇일까요? 이는 과거 프랑스의 루이 14세와 같은 절대군주가 있던 시절처럼, 일부 사람만을 위한 평등하지 못한 정치가 다시 일어나지 않도록 하기 위해서예요. 민주주의의 실천을 위해 서로 힘을 합치지만 때론 서로 견제하며 어느 한쪽이 일방적으로 권력을 갖지 못하도록 하고 있어요.

 그렇다면 나라를 대표하는 대통령은 과연 어떤 힘을 갖고 있을까요? 대통령은 국가를 대표하는 최고 책임자로서 특별한 권한을 갖고 있어요. 국무총리, 장관 등의 공무원을 임명하는 등 정부를 구성하고 이끌 수 있으며, 법에 따라 여러 가지 나랏일을 계획하며 실천할 수 있어요. 더불어 새로 필요한 법률을 국회에 제출할 수 있으며 사법부의 대법원장, 대법관 등을 임명할 수도 있어요. 그리고 무엇보다 우리나라에 전쟁과 같은 큰 위기가 생기면 국민 전체를 대표하여 국군을 지휘하며, 다른 나라에 대해 선전포고를 할 수 있는 권한도 있답니다.

대통령은 나라를 온전히 지키고, 평화통일, 경제발전 등을 이루어야 할 의무가 있어요. 그리고 무엇보다 평화로운 민주 사회가 될 수 있도록 헌법을 지킬 의무가 있답니다.

097

경제활동이란 무엇일까요?

택배요!

사람들은 매일 무언가를 소비하면서 생활하지요. 또 매일 물건을 만들거나 가게에서 물건을 판매하는 등 여러 생산활동을 해요. 생산활동을 통한 소득이 없다면 필요한 것들을 자유롭게 얻을 수 없을 거예요. 이처럼 생산활동에 참여해서 얻는 소득으로 소비활동을 하는 가족을 일컬어 '가계'라고 부른답니다.

가계와 기업은 매우 가까운 관계를 유지하고 있어요. 만약 우리 생활에 필요한 물건들을 만드는 기업이 없다면 우리의 삶은 불편해질 거예요. 그래서 기업이 성장하는 것은 참 중요해요.

기업은 우리들이 물건이나 서비스를 구매함으로써 성장할 수 있는 바탕을 마련해요. 기업의 입장에서도 사람들이 물건이나 서비스를 구매할 수 있는 환경이 마련되는 것이 중요해요. 이를 위해 사람들에게 일자리를 제공하지요. 기업은 일하는 사람들의 생산활동을 통해 사람들에게 필요한 물건을 만들어내거나 서비스를 제공하고, 판매를 통해 이익을 얻을 수 있죠.

생산활동을 통해 만들어지는 물건과 서비스는 어떤 차이가 있을까요? 물건은 모양이 있어 우리가 눈으로 볼 수 있거나 만질 수 있는 것을 말해요. 컴퓨터, 책, 떡볶이, 신발, 과자 등 눈에 보이는 물건인 '재화'에 해당하지요. 이와 달리 서비스는 눈에 보이지는 않거나 만질 수 없는 생산활동이에요.

서비스는 어떤 한 사람이 다른 사람을 만족하게 하는 행위를 말해요. 택배 기사가 물건을 배달하는 일, 병원에서 의사가 병을 치료하는 일, 영화관에서 영화를 상영하는 일, 가수가 무대 위에서 노래를 하는 일, 소방관이 불을 끄는 일 등은 모두 서비스에 해당한답니다.

098

시장에서는 물건만 사고파는 것이 아니라고요?

오늘날 사람들은 필요한 물건이 생기면 시장이나 마트에 가서 사 오지요. 시장에는 여러 기업에서 만든 다양한 물건이 있어요. 이런 시장의 모습은 다양하게 나타나요. 옛 시장의 분위기와 모습을 이어가는 전통시장도 있고, 사람들이 오고 가기 편한 곳에 자리 잡아 여러 층으로 물건을 진열해 놓은 대형 할인점도 있어요. 기업들은 전통시장이나 대형 할인점에 품질 좋은 생산품을 제공하기 위해 노력하고 있어요. 적극적으로 이윤을 얻기 위해 물건의 품질과 서비스의 질을 높이고 있는 것이죠.

전통시장이나 대형 할인점은 모두 물건을 직접 보고 고를 수 있다는 장점이 있어요. 특히 옷, 신발처럼 직접 입어보거나 신어봐야 하는 물건의 경우에는 더욱 만족도가 높아지지요. 반면, 또 다른 시장인 텔레비전 홈쇼핑이나 인터넷 쇼핑 등은 직접 물건을 보고 사지는 못한다는 단점이 있어요. 하지만 언제

어디서나 물건을 쉽게 구매할 수 있다는 장점이 있지요. 전통시장이나 대형 할인점에 직접 가지 않고도 물건을 편하게 살 수 있다는 건 바쁜 현대인들에게 가장 큰 장점이 되고 있어요.

그런데 물건이 아닌 다른 것을 사고파는 특별한 시장도 있어요. 바로 사람의 노동력을 사고파는 인력시장, 다른 나라의 화폐를 사고파는 외환시장, 집이나 땅을 사고파는 부동산시장, 주식을 사고파는 주식시장 등이에요. 이러한 시장은 대부분 보통의 시장과 달리 눈에 보이지 않거나 쉽게 만질 수 없는 것들을 거래하고 있어요.

가계와 기업이 함께 만나는 시장은 활발한 경제활동이 이루어지는 만남의 장이에요. 시장을 통해 가계와 기업은 서로 원하는 것을 얻으려 노력하고 있답니다.

099
우리나라가 석유제품을 수출한다고요?

우리나라에서는 석유가 거의 생산되지 않아요. 석유뿐만 아니라 목재, 천연고무 등 천연자원 역시 부족한 편이지요. 하지만 천연자원이 부족한 대신, 그것을 활용하는 기술은 매우 뛰어난 편이랍니다.

세계 여러 나라는 자신의 나라에 부족하거나 필요한 것들을 구하기 위해 다른 나라들과 거래를 해요. 우리가 시장에서 물건을 사고파는 것처럼 나라끼리 여러 물건과 서비스를 사고파는 거예요. 이런 무역을 통해 나라의 경제가 발전하기도 해요.

무역은 두 가지로 나누어져요. 다른 나라에서 물건을 사 오는 것을 수입이라 하고 다른 나라로 물건을 파는 것을 수출이라고 하지요. 그런데 석유가 거의 나지 않는 우리나라에서 매년 수출 품목에 석유제품이 높은 순위를 차지하고 있다고 해요. 신기한 일이지요?

석유제품은 지하에 매장되어 있던 원유에서 불순물을 없애는 정제 과정을 거쳐 만들어진 제품이에요. 우리나라는 이 석유제품을 만드는 기술이 굉장히 뛰어나요. 원유는 전부 수입하지만, 원유를 가공하고 처리하는 기술이 뛰어나 다양한 석유제품을 수출하고 있답니다.

석유제품과 마찬가지로 반도체 또한 우리나라의 가장 대표적인 수출품이에요. 그런데 수출도 많이 하지만 수입도 많이 하는 품목이 반도체예요. 그 이유는 우리가 수출하는 반도체와 수입하는 반도체의 종류가 달라서예요.

첨단 전자산업에서 많이 쓰이는 반도체는 메모리 반도체, 비메모리 반도체로 나누어진답니다. 우리나라는 메모리 반도체를 생산하여 많은 나라에 수출하지만, 비메모리 반도체를 많이 수입하고 있어 이러한 통계 결과가 나타나는 거랍니다.

100
세계무역기구는 무슨 일을 하는 곳일까요?

국가 간에 무역을 하다 보면 예기치 않은 문제가 발생하지요. 일방적으로 물건의 수입을 거부하거나 다른 나라의 수출품에 높은 세금을 매기는 등 다양한 문제가 일어나요.

많은 나라가 무역을 하다가 자기 나라에 불리한 점이 생기면 어떤 특별한 조치를 취하는 모습을 보일 때가 많아요. 바로 자기 나라의 경제를 지키기 위해 새로운 법과 제도를 만드는 것이에요. 그런데 나라마다 자국에만 유리한 법과 제도를 만들면 무역이 잘 이루어질까요? 당연히 그렇지 않을 거예요.

지난 2011년, 인도는 태양광 발전 사업을 발표하면서 앞으로 인도에서 생산된 태양전지와 컴퓨터 시스템만을 사용하겠다고 밝혔어요. 이로 인해 미국은 수출이 크게 줄어들었죠. 2013년 미국은 이것이 부당하다며, 세계무역기구에 판정을 요청했어요. 인도의 일방적인 정책이 무역에 피해를 주었다는 내용으로 말이에요.

세계무역기구(WTO)는 여러 나라 사이에서 무역 관련 문제가 일어났을 때 이를 공정하게 심판하기 위해 만들어진 국제기구예요. 경제 분야의 국제연합이라는 별명을 갖고 있을 만큼, 지구촌의 경제 질서를 유지하면서 세계 무역이 보다 더 자유롭고 공정하게 이루어질 수 있도록 활동하는 곳이죠.

　미국과 인도의 무역 마찰은 어떻게 판정되었을까요? 세계무역기구는 이 사건을 조사하고 '외국 기업과 국내 기업을 차별해서는 안 된다'고 판정을 내렸어요. 이에 대해 인도는 자국의 사업을 발전시키려면 필요한 내용이었다고 주장했지만 받아들여지지 않았지요. 이처럼 세계무역기구는 나라 간의 문제가 심해지지 않도록 적극적으로 중재에 나서기도 한답니다.

초판 7쇄 2024년 11월 28일
초판 1쇄 2019년 11월 8일

글 전기현 | 그림 홍나영

펴낸이 정태선
펴낸곳 파란정원 | **출판등록** 제395-2010-000070호
주소 서울특별시 은평구 가좌로 175, 5층 | **전화** 02-6925-1628 | **팩스** 02-723-1629
제조국 대한민국 | **사용연령** 8세 이상 어린이
홈페이지 www.bluegarden.kr | **전자우편** eatingbooks@naver.com
종이 다올페이퍼 | **인쇄** 조일문화인쇄사 | **제본** 경문제책사

글ⓒ전기현 2019
ISBN 979-11-5868-168-5 74030
　　　979-11-5868-166-1(세트)

이 책은 저작권법에 따라 보호받는 저작물이므로 무단 전재와 무단 복제를 금지하며,
이 책 내용의 전부 또는 일부를 이용하려면 반드시 저작권자와 파란정원(자매사 책먹는아이·새를기다리는숲)의 동의를 얻어야 합니다.
*잘못된 책은 구입하신 서점에서 바꿔 드립니다.